Magnus A. Reindl

Das Studiengenossen-Fest in Dillingen am 22. Und 23.

August 1865

Das Studiengenossen-Fest

in

Dillingen

am 22. und 23. August 1865.

Eine Gabe der Erinnerung an dasselbe,

dargebracht von

Magnus Anton Reindl,
Benefiziat.

„Süßer Traum der Jugendjahre
Kehr' noch einmal uns zurück!"
Lied.

Dillingen 1865.
Gedruckt bei L. Holzhauser.

Magnus A. Reindl

Das Studiengenossen-Fest in Dillingen am 22. Und 23. August 1865

ISBN/EAN: 9783743698086

Hergestellt in Europa, USA, Kanada, Australien, Japan

Cover: Foto ©ninafisch / pixelio.de

Weitere Bücher finden Sie auf **www.hansebooks.com**

Jede Zeit hat ihre Eigenthümlichkeiten und ihre besonderen Erscheinungen. Die Gegenwart kann davon keine Ausnahme machen. Sieht man sich aber nach den besonderen Erscheinungen derselben um, so wird man als solche bald die vielerlei Feste, wie sie vorzüglich in unserm lieben deutschen Vaterlande vorkommen, gewahr werden. Begünstigt durch die erleichterten Verkehrsverhältniße treten sie in unerschöpflicher Fülle zu Tage.

Man wird nicht verkennen können, daß, abgesehen von Mißbräuchen, allen diesen Festen eine schöne Idee zu Grunde liegt. In einem hervorragendem Maaße aber ist dieses bei den sogenannten Studiengenossenfesten der Fall.

Wer hätte nicht Interesse die Stadt wiederzusehen, in welcher er als Student geweilt, durch deren Straßen er seine Bücher getragen, wo er seine Jugendjahre verbracht und vielleicht auch so manchen Streich gespielt? Wer möchte nicht wieder schauen, die heiligen Hallen, in denen er sein mensa und τύπτω gelernt, wo er in die Tiefe der alten Classiker eingeführt seine Bildung genossen, oder seine Studien vollendend fürs praktische Leben befähigt worden? Wer möchte nicht wieder betreten das traute Stübchen, in welchem er ehedem gewohnt, wo er liebende Pflege gefunden und die heitersten Stunden verlebt? Wer wollte nicht wiedersehen die alten Bekannten der früheren Tage, die gütigen Lehrer der dahingeschwundenen Jugendzeit? Wer möchte nicht wieder zusammenkommen mit jenen Altersgenossen, mit denen man gemeinsam die Schulen besucht, heitere und bittere Tage getheilt, mit denen man in jugendlicher Herzlichkeit verkehrt, die schönsten Pläne entworfen und die innigsten Freundschaftsbande geschlossen?

Wer möchte nicht sehen, welche Veränderungen und Wechselfälle die Zeit hervorgebracht, um gemeinsam mit seinen Coaeven dem Allgütigen zu danken, daß er in den Stürmen derselben die rettende Hand so oft und so liebvoll geboten?

In den Studiengenossenfesten finden diese edlen Wünsche ihre thunlichste Erfüllung. Deßhalb sind solche auch in vielen, mit höheren Lehranstalten bedachten Städten zu Stande gekommen. Von solchen Gedanken geleitet hat auch Dillingen am 22. und 23. August 1865 sein Studiengenossenfest gefeiert.

Indem ich aber daran gehe, dieses Fest, im Auftrage des Comités desselben, zur freundlichen Erinnerung für die verehrlichen Theilnehmer und die Bewohner der Stadt Dillingen mit meiner für diese Aufgabe leider zu wenig gewandten Feder zu beschreiben, will ich zunächst über die Vorbereitungen zu demselben berichten.

Das Studiengenossenfest in Dillingen hat eine verhältnißmäßig lange Vorgeschichte. Sie geht bis zum Jahre 1859 zurück. In Folge mehrfacher Anregung hatte sich damals durch freie Vereinbarung ein Comité gebildet.

Es bestand aus den Herrn: 1. geistl. Rath, Stadtpfarrer Heim, damals Seminar-Regens; 2. Bezirksgerichtssekretär Laucher, damals Rechtsrath; 3. k. Lyceal-Professor g. Rath Mertle; 4. Studienrektor Pleitner; 5. Lycealrektor Dr. Pollak; 6. q. k. Professor Riß; 7. q. k. Studienlehrer Röckl; 8. Inspektor Schlichting in Hausen; 9. Direktor Dr. Thalhofer, damals k. Lycealprofessor; 10. k. Bezirksamtmann Vanderome, damals k. Assessor in Lauingen; 11. geistl. Rath, Dekan Vogel und 12. Regens, geistl. Rath Wagner.

Fleißig hatten die damit betrauten Herrn dieses Comités die Cataloge der hiesigen Studienanstalten von mehr als einem halben Jahrhundert hergenommen, um die Namen der einzelnen Studiengenossen zu verzeichnen, und sonach mit nicht geringer Mühe aus den Schematismen, den Staats- und Militärhandbüchern, und durch mündliche Nachforschung den damaligen Stand und Aufenthaltsort der einzelnen her- auszufinden, wobei nicht unterlassen werden kann, hervorzu- heben, daß der damalige k. Lycealprofessor Dr. Thalhofer dahier, der nunmehrige k. Direktor des Georgianums in München eine besonders rege Thätigkeit und ein hervorra- gendes Interesse an dem Zustandekommen des Festes an den Tag gelegt hat.

So war denn auch Alles vorbereitet und eben sollten die öffentliche Ausschreibungen und speciellen Einladungen ergehen, da ertönte der Kriegslärm aus Italien her und ganz Deutschland griff zu den Waffen, — leider nicht um das verrathene Oesterreich im rechten Momente zu unter- stützen, sondern um sie wieder wegzulegen, nachdem dieses Bundesglied eine seiner schönsten Provinzen verloren.

Da bei dem Beginne des Krieges ein so rasches Ende desselben nicht vorausgesehen werden konnte, so unterblieb die Abhaltung des Studiengenossenfestes; die Vorbereitungs- arbeiten aber wurden durch Herrn Rektor Dr. Pollak in getreue Verwahrung genommen. Die unmittelbar folgenden Jahre schienen in Berücksichtigung der politischen Constella- tionen nicht dazu angethan, den zurückgelegten Plan wieder hervorzuholen und in den letzteren Jahren wurden ander- weitig Studiengenossenfeste, mit welchen das hiesige nicht wohl gleichzeitig stattfinden konnte, gefeiert. So ging es denn von der ersten Inangriffnahme, obwohl man jedes Jahr davon redete, in den sechsten Frühling. Aber da, wo alles Leben sich regt, regte sich auch mächtiger als je der Wunsch, daß das Dillinger-Studiengenossenfest doch einmal zu Stande kommen möchte. In Folge davon versammelten sich auf Einladung des Herrn Rektors Dr. Pollak am 30. Mai ds. Js. mehrere Herrn, theils Mitglieder des früheren Co-

mités, theils anderweitige durch Stellung hervorragende
Studiengenossen zu einer Besprechung in fraglicher Angelegenheit. Wie dem Berichterstatter mitgetheilt wurde, hatte
man dabei sich schnell darüber geeinigt, daß ein Studiengenossenfest gehalten werden solle; bezüglich der Comitébildung
aber einigte man sich nach längerer Erörterung dahin, daß
dieselbe durch eine von sämmtlichen zu Dillingen befindlichen
Herrn Professoren und Studiengenossen zu bethätigende Wahl
zu erfolgen habe.

Dieß geschah denn auch. Als leitender Grundsatz aber
wurde als der Natur der Sache entsprechend angenommen,
daß außer den beiden Rektoren nur hiesige Studiengenossen
gewählt werden sollen. Demgemäß kamen dann in das Comité (alphabetisch geordnet) die Herrn: Deuringer, k.
Lieutenant; Feyrlein, Funktionär am k. Landgerichte;
Gruno, Magistratsrath; Hueber, Bürgermeister; Köninger, Rechtsrath; Graf von Pappenheim, k. Oberst;
Merkle, k. Lycealprofessor; Pleitner, k. Studienrektor;
Dr. Pollak, k. Lycealrektor; Pollak Ludw., Rechtspraktikant; Reindl, Benefiziat; Röckl, q. k. Studienlehrer;
Sax, k. Oberlieutenant; Steck, Assistent; Vogel, Dekan;
Wagner, Regens und Zenetti, k. Oberlieutenant.

Behufs der Constituirung desselben wurde Herr Rektor Dr. Pollak zum Vorstand und der Berichterstatter zum
Schriftführer gewählt; die Cassaführung übernahm Herr
Professor Röckl.

Nun konnten die Arbeiten beginnen. Ein provisorisches Programm wurde sofort festgestellt, um die nöthigen
Mittheilungen an die Behörden machen zu können. Nachdem
dasselbe eine Beanstandung nicht erfahren, erfolgte die öffentliche Ausschreibung. Durch Inserirung in die Augsb.
Allgemeine Zeitung, in die bayerische Zeitung und Tyroler
Schützenzeitung, im Nürnberger-Correspondenten, schwäbischen
Merkur, bayer. Courier und im allgemeinen Anzeiger für
die Schweiz glaubte man alle Studiengenossen — Inländer

und Ausländer — sowohl nach ihrer Heimath, als auch nach ihrem gegenwärtigen Aufenthalte von der Abhaltung des Festes in Kenntniß gesetzt zu haben.

Mittlerweile wurden auch die Vorarbeiten des Jahres 1859 wieder aus ihrem Gewahrsam hervorgeholt und mehrere Comité-Mitglieder übernahmen es, die Verzeichnisse der Studiengenossen zu revidiren und bis zu dem Curse herab, welcher im Jahre 1861 das Gymnasium absolvirt, zu ergänzen. Theilung der Arbeit war hier geboten, nachdem nicht weniger als circa 5000 Namen von Studiengenossen zur Ausmittelung ihres gegenwärtigen Aufenthaltes vorlagen. Trotz aller Mühe war es nur möglich ungefähr 1700 ehemalige Studierende der hiesigen Anstalten in ihrem gegenwärtigen Wirkungskreise aufzufinden. An sie ergingen denn auch nach und nach, wie eben die Verzeichnisse von den einzelnen Comitémitgliedern einkamen, durch die Hand des Berichterstatters unter mehrseitiger freundlicher Beihilfe besonders auch von Seite des Herrn Vorstandes die speciellen, vom 13. Juni datirten Einladungsschreiben. Für die dahier wohnenden Studiengenossen wurde später der Erlaß eines Circular-Schreibens für einfacher und zweckdienlicher erachtet. Daß auch an die ehemaligen Herrn Professoren und Lehrer der hiesigen Studienanstalten, insoferne sie nicht zugleich Studiengenossen sind und insoweit ihr Aufenthalt ermittelt werden konnte, eigene Einladungen ergingen, sowie daß die hiesigen Honoratioren und die Mitglieder der städtischen Collegien zur freundlichen Betheiligung eingeladen wurden, liegt wohl so sehr in der Natur der Sache, daß eine besondere Erwähnung fast als überflüssig erscheint. Hingegen ist es hier am Platze, daß der Berichterstatter für sich und Namens des Comité's um gütige Entschuldigung bittet, wenn bezüglich der Einladungen Versehen oder Verstöße vorgekommen sind. Es war unsere Absicht und unser Bestreben, keine Mühe zu scheuen und das Thunlichste in dieser Hinsicht zu leisten. Daß aber bei der nothwendig gewesenen Arbeitstheilung, bei der großen Anzahl der Betheiligten und bei den vielfach gleichlautenden Namen Uebersehen vorkommen konnten, dürfte leicht erklärlich sein. Möchten nur jene Herrn, die keine Einladung erhielten uns das Versehen so gerne verzeihen, wie diejenigen es gethan haben werden, welche mit doppelten Schreiben bedacht worden sind. —

Nachdem so das Studiengenossenfest einmal veranlaßt war, bildete eine der wichtigsten Fragen für das Comité das Lokale, in welchem dasselbe gehalten werden sollte. Nach den Erfahrungen anderer derartiger Feste mußte die möglichste Vereinigung aller Theilnehmer in einem Lokale angestrebt werden. Allein dieses hatte in Dillingen seine Schwierigkeiten. Man dachte zunächst an die Säale im k. Schlosse, in welchen früher Festlichkeiten veranstaltet worden waren und in welchen im vorigen Jahre die dahier garnisonirende Division des k. b. I. Uhlanen-Regiments ihre ersten Lanzen-Uebungen machte; aber aus baulichen Bedenken wurde die Benützung derselben von den competenten Behörden nicht gewährt. Man dachte dann an eine theilweise Ueberbeckung des Clerikal-Seminarhofes unter Mitbenützung des dortigen Refektoriums; aber die dadurch erlaufenden Kosten zeigten sich als unerschwinglich. Man dachte an den sogenannten goldenen Saal, in Verbindung mit den Hörsäälen des k. Lyceums; aber eine Vereinigung aller Studiengenossen wäre dabei nicht möglich geworden. Da mußte endlich der schon früher gebrachte Antrag, die k. Reitschule zu wählen, zur Annahme kommen. Es war dieselbe freilich zur Zeit der Discussion ein keineswegs einladender Platz; aber sie bot einen freien Raum von 7000 Quadratfuß, ein Oblongum ohne Säulen, ohne störenden Zwischenbau, ausreichend für eine über die Erwartung hinausgehende Betheiligung — Vorzüge, welche manche Bedenken in den Hintergrund zu drängen vermochten. Von Seite der hochverehrlichen Regiments-Commandos wurde dem diesbezüglichen Wunsche und der beßfalls gestellten Bitte des Comité freundlichst willfahrt und Herr Stadtkommandant, Oberst Graf von Pappenheim hatte die Güte, die Bewilligung des k. Generalkommandos in Augsburg bereitwilligst zu erwirken. So hatte wir denn ein in seinen Dimensionen ausreichendes Lokale und unter der Leitung der Comitémitglieder, Herr Oberlieutenant Sax, Herr Oberlieutenant Zenetti, Herr Lieutenant Deuringer (seitdem gleichfalls zum Oberlieutenant avancirt) wurde dasselbe in das würdigste und schönste Festlokal umgestaltet. Es war keine geringe Aufgabe. Mit Bangen haben manche Gemüther der Lösung derselben entgegengeharrt. Aber kaum war die Hälfte vollendet, so waren schon alle Bedenken geschwunden und nach dem Abschluße der Arbeiten war nur eine Stimme der Anerkennung und des Lobes. Die Aufgabe war in der glücklichsten Weise gelöst.

An der Vorderseife der Festhalle prangte in großartiger Ausführung das Wappen der Stadt, umgeben von einem bunten Kreise von Fahnen, umrankt von duftenden Kränzen. Die Stadt begrüßte in ihrem dreifarbigen Symbole mit heiterer Freude die Theilnehmer des Festes, die Studiengenossen, die sie einst in ihren Mauern gehegt.

Aber sie konnte und kann sie nur hegen unter der Aegide der bayerischen Fürsten, deßhalb bildete auch den Mittelpunkt der einen Seite die in Blumenschmuck gehüllte Büste Sr. Majestät des jugendlichen Königs Ludwig II. und den der andern Seite jene des höchstseligen, aber nicht vergessenen Königs Maximilian II. Schwellende Guirlanden, von der Decke der Halle ausgehend und an den Seiten sich hinziehend, stellten überall Verbindung und Vereinigung her, da Eintracht und Liebe Alle umschließen und der Gedanke der innigsten Vereinigung der leitende des Festes sein sollte. Liebliches Grün an den Wänden hauchte seine walbigen Düfte in die weiten Räume und 3 mächtige Lüster entsendeten in den Abendstunden das nöthige Licht, um dem Ganzen einen feenhaften Glanz zu verleihen. —

Mit Vollendung dieser Arbeiten waren auch die Tage des Festes nahe gekommen. Schon am Sonntag den 20. August sah man einzelne Fremde in der Stadt, die sich als Studiengenossen und Festtheilnehmer herausstellten. Der Montag war der eigentliche Tag des Ankommens und Empfanges. Am frühen Morgen dieses Tages regten sich schon allenthalben fleißige Hände, um die Stadt zu schmücken und zu zieren. Es war ein lieblicher Anblick bei einem Rundgange durch die Straßen dieses Treiben bis in die kleinsten Gäßchen hinein zu sehen. In allen Häusern (fast ohne Ausnahme) wollte man etwas thun. Ein Nachbar hatte nicht selten dem andern vorher geheimgehalten, was er zu thun vorhabe; der eine wollte den andern übertreffen. Kränze und Gewinde, Fahnen und Fähnlein in den städtischen, bayerischen und deutschen Farben schienen in buntester Mannigfaltigkeit zu wetteifern. Mächtige Flaggen von den Thürmen und höheren Gebäuden ragten in die Straßen und Plätze herein. Die Studiengebäude (Lyceum und Gymnasium), zu deren Schmückung die k. Regierung besondere Mittel gnädigst angewiesen, bestanden einen rühmlichen Wettstreit mit dem in seinen kirchlichen Farben prangenden Clerikal-Seminare, dem reichlich dekorirten Rathhause und anderen öffentlichen Gebäuden.

Ein eben so schöner als kühner Gedanke war es, an der obersten Spitze des 175' hohen „Hofthurmes" eine weißblaue Flagge anzubringen. Stets vom Winde bewegt begrüßte sie die Gäste schon in weiter Ferne, wie die an den geschmückten äußeren Thoren der Stadt angebrachten Innschriften denselben ein herzliches

„Willkommen"

zuriefen.

Da Dillingen zur Zeit noch nicht in das Netz der modernen Verkehrswege hineingezogen ist, so hatte es seine Schwierigkeiten, dafür zu sorgen, daß die auswärtigen Theilnehmer von den verschiedenen Bahnstationen (Donauwörth, Günzburg, Meitingen, und Offingen) ohne Aufenthalt und thunlichst angenehm hieher befördert wurden. Allein die umsichtige Anordnung des Herrn Bürgermeisters und Posthalters Th. Hueber mußte diese Schwierigkeiten zu beseitigen und für richtige Beförderung der Ankommenden bestens zu sorgen. Angenehmer noch hätten einzelne Gäste hiehergebracht werden können, wenn die k. k. österr. privil. Donaudampfschiffahrtsgesellschaft ein von Donauwörth aus ein Dampfschiff nach Dillingen abgefertiget hätte. Es war einige Tage Hoffnung dazu vorhanden; die Untersuchung des Flußbettes und des Wasserstandes hatte ein günstiges Resultat ergeben, die Bewohner der Stadt freuten sich, nach langer Zeit wieder ein Dampfschiff hier anlanden zu sehen. Da hielt es die Gesellschaft doch für bedenklich, die erste Fahrt mit Passagieren zu machen. Die schöne Hoffnung war dahin. Doch was bei dieser Veranlassung nicht zur Ausführung kam, kann, da die Möglichkeit constatirt ist, später geschehen. Möchte doch diese Möglichkeit zur Wirklichkeit werden!

Programmgemäß wurden die ankommenden Gäste am Montag von einer Deputation des Comité's empfangen. Aber die Bevölkerung der Stadt begnügte sich nicht mit diesem offiziellen Empfange; sie wollte selbst die Ankommenden sehen, die Bekannten begrüßen, ihnen die Freude äußern, ein kräftiges „Hoch" entgegenbringen. Schade nur, daß gerade an diesem Tage der Regen von Mitte des Vormittags an in Strömen floß. Noch freundlicher hätten die Dekorationen zugelächelt, noch mehr hätten sich die Herzen der Ankommenden und Empfangenden geöffnet. Allein dessenungeachtet erreichte die freudige Erregung der den Platz vor dem Postgebäude dicht anfüllenden Menge eine in Worten nicht wiederzugebende Höhe als gegen 6 Uhr Abends 10 Wagen unmittelbar nacheinander vorfuhren und eine große Anzahl von Festtheilnehmern von der Station Offingen brachten.

Eine schöne Erwiderung hat diese Begrüßung gefunden in dem nachfolgenden, am Empfangstage im Dillinger-Tagblatte abgedruckten, von Herrn Joseph Prestele, Benefiziaten in Weißenhorn verfaßten

Gruße an Dillingen.

Es war des Lebens Mai, es war im Blühen
Der Geist, der frischen Lenzesrose gleich,
Und unser Herz war voll von heil'gem Glühen
Für's Hohe, und an Hoffnungsblumen reich:

Da war's, **Dillinga**, daß wir lauschend weilten
In Deinen Musenhallen, an des Wissens Hort,
Da war's, daß theure Lehrer mit uns theilten
Der Weisheit Schätze mit beredtem Wort. — —

Manch Lustrum schwand dahin seit jenen Stunden,
In ernster Lebensschule waren wir,
Berufespflichten hielten uns gebunden,
Von Freunden uns getrennt, von Dir:

Doch heute siehst aus nah' und fernen Gauen
Du, **Alma Mater**, uns, der Söhne Schaar;
Den Jüngling kannst, den Mann Du schauen,
Den Greisen mit dem Edelweiß im Haar!

Wir zogen her, Dir unsern Gruß zu sagen,
Wir kamen wieder, uns wie sonst zu freu'n,
Und unsern Bruderbund aus frühern Tagen
Beim heh'ren Jubelfeste zu erneu'n!

Nach ihrer Ankunft wurden die Festtheilnehmer eingeladen, sich einzeichnen zu lassen.

Das Anmeldbureau war im Rathhausgebäude. In drei Sektionen entfaltete die hier niedergesetzte Commission ihre Thätigkeit: für Einzeichnung und Ausfertigung

der Karten der Berichterstatter und das Comité=Mitglied
Herr L. Pollak unter abwechselnder, gefälliger Mitwirk-
ung der jüngeren Studiengenossen Hrn. H. Mertl, J.
Schilling, M. Schuster und A. Steichele; für Quartier das Comité=Mitglied Herr Köninger unter Beihilfe
des Hrn. M. Braig; und für Cassa die Comité=Mitglie-
der Herrn Röckl und Zenetti. Der so zusammengesetzte
Mechanismus konnte von Nachmittag 1 Uhr an fast ununt-
erbrochen bis gegen Abend fortarbeiten. Als aber die erwähnten Offinger=Wagen anfuhren, da wollte selbst die
größte Regsamkeit nicht mehr ausreichen, um die Wünsche
rasch genug befriedigen zu können.

Leider konnte man unter solchen Umständen nur ein flüch-
tiger Zeuge sein von den vielen Wiedererkennungs= und Be-
grüßungsscenen, wie sie auf dem Anmeldbureau so häufig vor-
kamen, konnte seinen eigenen guten Freunden und Bekannten nur
einen raschen Gruß, nur ein schnelles Wort der Freude sagen.

Die Arbeiten der Einzeichnung waren für diesen Abend
noch nicht ganz geschlossen, als von der Gegend der Festhalle
her schon der Donner der Geschütze ertönte, welche Abends
zwischen 7 und 8 Uhr zur Begrüßung der Theilnehmer in
kurzen Zwischenräumen losgebrannt wurden.

Alles, was das blaugelbweiße Festzeichen trug oder
sonst durch Karten zum Eintritte berechtigt war, eilte durch
die geschmückten Straßen der Festhalle zu. Drinnen begann
es bald zu wogen wie in einem durch die Frühlingssonne
belebten Schwarme emsiger Bienen. Junge Leute, die eben
erst ihre Studien beendet, Männer in der besten Kraft der
Jahre und Greise, welche die Sorgen des Lebens schon gebeugt, drängten durch einander. Jeder trachtete seine Bekannten, eine stets größere Zahl von Coaeven zu finden.
Schüler fragten und suchten nach Lehrern und wenn sie sich
gefunden, fanden sie mächtige Veränderungen, wie sie eben
die Zeit hervorzubringen gewohnt ist.

Da war der letzte Schuß gefallen und es erhob sich

der durch seine vielseitige Thätigkeit weithin rühmlich bekannte geistliche Rath, Dekan und Stadtpfarrer Herr Remigius Vogel und sprach mit jugendlicher Frische folgende in dem weiten Raume wohlvernehmbare Begrüßungsworte:

Hochverehrteste Herrn! Liebe Studiengenossen!

Das Studiengenossen-Fest-Comité hat mich mit dem Auftrage beehrt, in seinem Namen, Sie, hochverehrteste Herrn, zu begrüßen.

Im Namen des Comité rufe ich Ihnen also zu: Seien Sie uns Alle freundlichst willkommen, seien Sie uns Alle herzlich gegrüßt!

Seien Sie uns herzlichst gegrüßt, Sie verehrungswürdige Studiengenossen, die Sie bei hohen Jahren, die Beschwerden des Reisens nicht scheuten und auch aus weiter Ferne hiehergekommen sind.

Viele von Ihnen haben schon im vorigen Jahrhundert das irdische Licht begrüßt und bereits vor einem halben Jahrhundert die hiesige Studien-Anstalt verlassen.

Nur wohlverdiente Ruhe, otium cum dignitate, sollten Sie genießen, nachdem Sie solange des Berufes und Amtes Last und Mühe getragen, den guten Kampf für Wahrheit und Recht männlich gekämpfet und muthig und unverzagt in manchem Sturme ausgeharrt. Dazu gab Ihnen wohl nur Kraft der gläubig vertrauende Sinn, welchen der uns noch bekannte älteste Lehrer, da er in sturmbewegter Zeit sich veranlaßt sah, die hiesige Studien-Anstalt zu verlassen, mit den Worten ausdrückte, die er auf seinen Siegelstock graviren ließ: „Nach dem Sturme Heiterkeit und auch im Sturme Gott!"

Verehrungswürdige H. Studiengenossen, möge diese Festes-Feier Ihr Herz wieder jugendlich erfreuen!

Seien Sie auch freundlichst gegrüßt verehrteste H. Studiengenossen, Männer der Gegenwart! die Sie noch

in ungebrochener Kraft Ihrem Berufe, Ihrem Amte sich
weihen. Mit Aufopferung haben Sie ein liebgewon=
nenes Amt, einen theuern Familien=Kreis, eine Sie lie=
bende Gemeinde verlassen und sind hiehergeeilt, um sich
mit ihren Jugendfreunden wieder zu erfreuen.

Möge erneuerte Jugendfreude Sie für Ihr Opfer
entschädigen.

Seien Sie uns herzlichst gegrüßt verehrteste H. Stu=
diengenossen, die Sie noch in ungetrübter Jugendkraft
und Freude stehen, die Sie noch nicht erfahren, wie gar
oft sich das Leben so kalt und hart gestaltet. Noch ist
Ihr Geist voll hoher Ideale und in rosigem Lichte lacht
Ihnen die Zukunft jugendlich freudig entgegen. Mögen
Ihre Schicksals Loose Ihnen einst lieblich fallen!

Ja, seien Sie nur fröhlich und wohlgemuth; denn des
Lebens=Mai blüht einmal nur und dann nicht wieder.
Laetitia rectis corde! Ihre Freude sei uns Aeltern
ein Spiegel, worin wir sehen, wie fröhlich und freudig
wir auch in der Jugend waren. Ihre Freude helfe uns
in die Tage der Jugend zurückzuträumen. Es ist ein
wunderbar himmliches Ergötzen, sich in die Zeit seiner
Jugend zu versetzen.

Viele unserer Studiengenossen haben Kunde anher
gegeben, daß sie schmerzlich bedauern, durch Verhältniße
verhindert zu sein, an diesem Feste Theil zu nehmen.
In ihrem Namen sollen der hochverehrtesten Versamm=
lung die herzlichsten Grüße ausgedrückt werden. Im
Geiste seien sie in unserer Mitte und freuen sich mit
uns.

Auch unsre Freude würde eine vollere sein, wenn sie
alle jetzt in unserer Mitte weilten. Doch, unvollkom=
men ist hienieden Alles, dem Lichte folgt bald der Schat=
ten, der hohen Freude bald tiefer Ernst.

Gerne möchten wir hier manchen Jugendgenossen wie=
der an unser Herz drücken, wir suchen den Freund und

finden ihn nicht; denn sein Herz schlägt nicht mehr. Manchen väterlichen Lehrer möchten wir jetzt dankbar die Hand reichen; allein sie sind schon von hinnen geschieden. Gerade in dieser Stadt der Eintracht haben mehrere unserer geliebten Lehrer und Jugendgenossen ihr Pilgerkleid abgelegt, ihnen wollen wir eine Thräne des Dankes und der Liebe weihen, an der Stätte, wo ihre Hülle ruht, Aller fürbittend gedenken.

Ihrer so zu gedenken ist für uns kein bitterer Schmerz, keine herbe Trauer, sondern ein süßer Trost; denn wir haben eine Hoffnung, die nicht täuscht. Die theuern Frühgeschiedenen, sie leben Alle, Dem, der das Leben ist und die Liebe. Auch sie, die wahre Liebe uns hienieden verbunden, gedenken auch unserer dort, denn die Liebe stirbt nicht, ewig lebt die Liebe. Ungetrübte Freude wird aber unser Herz durchzücken, wenn wir feierlich einziehen in dem Gott geweihten Ort, wo das jugendliche Herz oft himmlische Wonne und süßen Gottesfrieden empfand; da wollen wir in Demuth Gott danken, der bisher unsere Lebens=Schicksale gütig und weise lenkte. Mit Jubel wollen wir wieder die Hallen der Wissenschaft betreten, wo die Keime des Wahren, Guten und Schönen in uns geweckt und gestärkt worden, wo unser Herz oft begeistert gelobt, zu leben für Wahrheit und Liebe, zu kämpfen nur für Licht und Recht.

In diesen Hallen haben wir uns bleibende Güter gesammelt. — Denn wahr ist das Wort des Edlen:

"Freund, es giebt was Beß'res in der Welt,
 Als nur irdisch Gut und Geld."

Dieses Beßere ist die höhere Bildung des Geistes. Die edle Gesittung, diese geben bleibenden Werth. Was Gutes und Wahres in uns ist und wir durch Lehre, Beispiel und That zum Wohle Anderer gewirket, es ist der gläubigen Wissenschaft, auf den gegründet, der die Wahrheit ist, entsprossen.

Diese höhere Bildung ist das Band, das uns so innig zusammenknüpft, das Band, das in der frohen Jugendzeit unsre Herzen freundlich verbunden. Dieses Freundschafts-Band wollen wir nun auf's neue stärken und uns in diesen Tagen wieder miteinander freuen, wie in unsrer nur zu schnell enteilten Jugendzeit. Zu dieser Freude beizutragen, ist des Fest-Comité einziger Wunsch und Bestreben.

Da aber die Musik des Menschen Herz erfreut, so will ich enden, um die Ermahnung der Schrift zu befolgen, die sagt: Durch langes Reden hindere die Musik nicht. Nur will ich Sie, Hochverehrteste H. Studiengenossen noch einladen, freudig wieder zu singen die frohen Lieder unsrer Jugendzeit, vor allen aber das deutsche Lied:

> Stimmt an mit hellem, hohen Klang,
> Stimmt an das Lied der Lieder,
> Des Vaterlandes Hochgesang
> Erschall' jetzt fröhlich wieder.

Dieser Einladung Folge leistend ward denn auch das genannte Lied von den Anwesenden unter Begleitung der Musik mit Frische und Kraft gesungen.

Ach, diese alten und doch ewig neuen Studentenlieder sie haben einen eigenen Reiz und reißen selbst den Mann noch mächtig hin.

Die Musikchöre der beiden hiesigen Regimenter aber, welche theils abwechselnd theils gemeinsam unter der vorzüglichen Leitung der HH. Stabstrompeter Jerg und Lingk bei dem Feste spielten, haben, wie durch die exakte Liederbegleitung, so noch mehr durch die manigfaltigen in präciser Weise zur Aufführung gekommenen Piecen viel zur Hebung der festlichen Stimmung beigetragen.

Bei dem innigen Zusammenhange, welcher zwischen einem Studiengenossenfeste und den bezüglichen Studienanstalten besteht, war es angezeigt, daß auf die Begrüßung von

Seite des Comité's eine solche Namens der gedachten sämmt=
lichen Anstalten Dillingens folge. Der gegenwärtig das
Gymnasium und die damit verbundene Lateinschule mit Eifer
und Umsicht leitende k. Studienrektor, Herr C. Pleitner
hatte es gütigst übernommen, derselben Ausdruck zu geben.
Er that es, wie folgt:

Höchstverehrte Herrn Studiengenossen!

Einem edeln Drange des Herzens folgend, haben
Sie, hochverehrte Herrn Studiengenossen, sich in hiesi=
ger Stadt, als dem Orte, wo Sie in Ihrer Jugendzeit
mehrere Jahre behufs Ihrer Ausbildung zugebracht ha=
ben, eingefunden.

An Ihrem früheren Studienorte wollten Sie nach
langjähriger Trennung des Wiedersehens sich erfreuen,
sich wohl bewußt, daß gerade hier zu dieser Freude, die
wohlthuendsten Erinnerungen und die angenehmsten
Empfindungen sich gesellen würden.

Was früher während Ihrer hiesigen Bildungsjahre,
damals Ihnen noch unbewußt, für Sie die Ursache ei=
nes fröhlichen, zufriedenen, sorglosen Lebens war, das
ist Ihnen erst in späteren Jahren, nachdem Sie selb=
ständig geworden in das Berufsleben übergetreten sind
und den Ernst des Lebens und dessen Widerwärtigkei=
ten erkannt haben, als solche recht klar geworden;
erst in den späteren Jahren haben Sie mitten im Rin=
gen mit diesen Widerwärtigkeiten erkannt, daß Ihre
Studienjahre mit zu den schönsten Ihres Lebens zählen:
denn dies war die Zeit, wo, während die Ihrigen die
Sorge für Ihre leiblichen Bedürfnisse liebevoll über=
nommen hatten, die Schule Ihrem Geiste täglich neue
Nahrung bot, Ihre Kenntnisse fortwährend einen Zu=
wachs erhielten, wo ein edler Wetteifer Sie beseelte,
und dem eifrigen Streben und der gewissenhaften Pflicht=
Erfüllung die lohnende Anerkennung unmittelbar folge

ten, wo kein Aufwand von Fleiß und Mühe ein vergeblicher war; Sie haben erkannt, daß damals die Hauptquelle der Zufriedenheit und des Lebensglückes, nemlich ein ungetrübtes heiteres Gemüthsleben, Ihnen im reichsten Maße geflossen ist, daraus erklärt sich denn auch die in späteren Jahren nach Lebenserfahrungen ganz anderer Art erwachende Sehnsucht jene glückliche Zeit im Vereine mit damaligen Genossen gleichsam noch einmal wie im Fluge zu durchleben, und die Erinnerung an jene Jahre wieder lebhaft aufzufrischen durch das Wiederbetreten früher langgewohnter Räume, durch Wiederaufsuchen früher liebgewordener Orte und durch die erneute Begegnung mit Freunden und Bekannten aus jener Zeit. Nicht weniger erklärt sich aber auch hieraus, wie die gleichzeitige Befriedigung dieser Sehnsucht für so viele ehemaligen Zöglinge aus einer langen Reihe von Studienjahren für alle Theilnehmer sich zu einer Jubelfeier gestaltet, und daß selbst alle Bewohner der Stadt, in welcher diese Feier so viele freudig gestimmte Gäste versammelt, in diesen Freudenjubel mit hineingerissen werden, dem sie dadurch auch äußerlich einen offenkundigen Ausdruck geben, daß sie die Stadt selbst mit dem schönsten Festgewande schmücken.

Wer aber könnte bei einem solchen Feste freudiger bewegt, wer feierlicher gestimmt werden, als die Studienanstalten selbst in ihren Lehrern, da ja in der Erinnerung an die in ihrem Berufs= und Wirkungskreise verlebten Jugendjahre, für Sie, hochverehrte Herrn Studiengenossen, eine Hauptveranlassung zu diesem schönen Feste lag. Wie sollten die Anstalten und ihre Lehrer sich nicht freuen, wenn sie, deren Berufspflicht es ist, die nachwachsende Jugend fort und fort sittlich und geistig zu veredeln, ihre eigenen sowohl, wie die Bemühungen ihrer früheren Berufsgenossen von einem so schönen Erfolge gekrönt sehen; wenn sie eine so große

Anzahl biederer Männer erblicken, die an diesen Anstalten gebildet in den verschiedensten Berufsarten dem Staat, der Kirche und der Menschheit so nützliche und wohlthätige Dienste leisten. Ja wir freuen uns Ihrer Anwesenheit, wir fühlen uns ganz eins und verbrüdert mit Ihnen, wir empfangen Sie mit aller Herzlichkeit, mit offenen Armen, wie die Glieder einer Familie, die nach langjähriger Trennung auf kurze Zeit wieder das elterliche Haus besuchen; mögen Sie sich während dieser Tage wohl und heimisch fühlen in unserer Mitte wie damals, als Sie noch täglich Ihre Schritte nach diesen Bildungsstätten lenkten, deren Wiedersehen Ihnen jetzt so wohlthuende Erinnerungen erweckt.

Mit diesem Wunsche rufe ich Ihnen, hochverehrte Herren Studiengenossen, im Namen der hiesigen Studien=Anstalten und ihrer Lehrer ein freudiges, herzliches, ein begeistertes „Willkommen" zu. —

Hatte diese Begrüßung die Anwesenden so recht hineinversetzt in die Zeit, wo sie als „Studierende" in Dillingen geweilt, was war entsprechender, als daß nun der ächt studentische Cantus, das „Gaudeamus igitur" folgte. Viele wohl haben sich dabei zurückgedacht in jene Zeit, wo sie, zum erstenmale in den Cirkel größerer Studenten eingetreten, mit Entzücken dieses „Gaudeamus" gehört und bald auch selbst mitgesungen. Ja viele wohl haben nicht bloß sich zurückgedacht, sondern mit ihren Jugendfreunden in diesen Erinnerungen geschwärmt und waren vielleicht damit noch nicht zu Ende, als der für die Förderung der städtischen Interessen sorgsam bedachte Herr Bürgermeister Th. Hueber Namens der Stadt seinen Gruß in folgenden Sätzen entbot:

Zu allen Zeiten hat die Stadt Dillingen an den hiesigen Studienanstalten herzlichen Antheil genommen. Viele Bewohner derselben feiern heute einen Tag fröhlichen Wiedersehens.

Alte Anhänglichkeit, alte Freundschaft wacht wieder auf; alte Jugenderinnerungen beleben sich auf's Neue.

Nehmen Sie, verehrteste Herrn! das, was die Stadt Ihnen heute bereitet als Gefühl des Dankes und der Freundschaft.

Im Namen der Stadt biete ich Ihnen ein herzliches „Willkommen!"

Wollen wir diese Tage des Festes beginnen mit einem fröhlichen „Glückauf!"

Gehoben durch die allgemeine heitere Stimmung und begeistert durch den allseitig herzlich freundlichen Empfang improvisirte sonach der schon früher erwähnte Herr Direktor Dr. V. Thalhofer folgenden Toast:

Hochverehrteste Studiengenossen!

Es schlug heute das Herz höher jedem von uns, als wir durch die schön geschmückten Straßen zogen. — Wir waren alle freudig überrascht von dem schönen, glänzend herrlichen Empfang, welchen uns die Stadt Dillingen bereitet hat.

Mancher von uns hat als Studentlein und Student aus den Händen der Bewohner der Stadt Wohlthaten erhalten und ist durch Dank an diese Stadt gebunden. Von nun an aber doppelt an sie geknüpft, nachdem sie uns einen so schönen Empfang bereitet, einen so prachtvollen Saal hergestellt hat. —

Ebenso sind wir zu großem Danke verpflichtet dem Festkomité, welches mit ebensoviel Geschick, als Geschmack und Bereitwilligkeit das Fest geordnet.

Ich denke es wird mir, der ich 24 Jahre, ⅔tel meines Lebens an hiesiger Anstalt verlebte, 9 Jahre als Student, 15 Jahre als Lehrer, nicht als Anmassung ausgelegt werden, wenn ich die hochverehrten Studiengenossen einlade zu einem Hoch auf die Stadt Dillingen und des Festkomité. —

Alles stimmte kräftigst mit ein in dieses „Hoch" und wollte dadurch wohl zu erkennen geben, wie sehr der Redner aus dem Herzen sämmtlicher Theilnehmer gesprochen.

So eilten die Stunden dieses Abends dahin und selbst ergraute Männer, die gewohnt sind früh das Lager zu suchen, machten eine Ausnahme, „weil es ihnen so wohl gefallen."—

Pompös begann der Morgen des H a u p t f e s t t a g e s. Schlag 6 Uhr marschirten die vereinigten Musikchöre der beiden Regimenter zum Zwecke der Tag=Reveill von der Festhalle hinweg durch die Vorstadt und Webergasse zum obern Thor und von da durch die Hauptstraße und das mittlere Thor den Stadtberg hinab zu dem Platze zurück, von dem sie ausgezogen. Böllerschüsse markirten den Takt eines feurigen Marsches. Die Fenster öffneten sich und ließen verschiedene Gestalten erblicken, während manches Auge noch halb Schlafes trunken durch die Gardinen schaute, oder ängstlich um die Bewegungen der düster gestalteten Wolken sich umsah.

Während aber die am vorausgegangenen Abende schon angekommenen Festestheilnehmer ruhig ihre Morgengeschäfte verrichteten, mußte die Anmeldkommission zu neuer Thätigkeit sich rüsten.

In Folge der ergangenen Ausschreibungen und Einladungen waren 421 Anmeldungen zur Theilnahme eingekommen. Allein die laufende Nummer der Einzeichnungen war (ohne Festgäste der Stadt) bereits am Montag Abend auf 437 gestiegen. Die auf Grund der Anmeldungen gemachten Berechnungen hatten also schon ihre Sicherheit verloren und doch war mit Bestimmtheit anzunehmen, daß der Dienstag noch eine größere Anzahl von Theilnehmern uns zuführen werde. Nachschaffungen von Festzeichen und Karten waren deßhalb in aller Frühe zu bewerkstellgen. Die Freude über die unerwartete zahlreiche Theilnahme war aber reicher Ersatz für solche Bemühungen.

Um 8 Uhr konnten nach den Bestimmungen des Programms die Anmeldungen auf dem Rathhause ihren Fort=

gang nehmen. Wohlbeschäftigt war auch diesmal die Commission; denn beim Abschlusse der Listen erreichten sie die Nummer 568 und mit Hinzurechnung der hiesigen Festgäste 661, wie das am Schlusse des gegenwärtigen Berichtes angefügte Namensverzeichniß sämmtlicher Theilnehmer ausweist.

Von den auswärtigen Festtheilnehmern haben ungefähr 246 in Privathäusern, 66 im Priesterseminar und 40 im Knabenseminar Quartier gefunden und circa 114 in Gasthäusern gewohnt.

Berichterstatter kann nicht unterlassen, hier anzufügen, wie gerne die Privaten Quartiere gegeben und sich zur Aufnahme der Gäste eingerichtet und nur dann unzufrieden waren, wenn sie nicht so viele Herrn zu bequartiren erhielten, als sie es sich gewünscht hatten. Dank ihnen wie dem Hochwürdigsten Bischofe von Augsburg, der in gewohnter Güte die beiden Seminarien bereitwilligst zur Verfügung stellte, und den Hochwürdigen Vorständen derselben Hrn. geistl. Rath Wagner und Hrn. Inspektor Weinhart, die so vielen Theilnehmern freundlichst eine gastliche Aufnahme gewährten.

Zehn Uhr nahte heran. Die Zeit zur Aufstellung des Festzuges war gekommen; das Geschäft der Festordner begann. Der Platz und die Straßen um das Rathhaus waren angefüllt von Studiengenossen, Stadtbewohnern und Landleuten. Nur mit Mühe konnten deßhalb die Festordner ihre Aufgabe lösen. Zur bestimmten Zeit jedoch setzte sich der Zug in Bewegung, voraus die vereinigte Musik, dann die Festfahne in den städtischen Farben, von einem stattlichen Studiengenossen getragen und von Universitätsstudenten begleitet; sonach die erste (ältere) Hälfte der Comitémitglieder gefolgt von den Professoren-Collegien, Offizieren der beiden Regimenter, von Beamten der verschiedenen Categorien, von den übrigen Honoratioren und den Mitgliedern der städtischen Collegien einschließlich der Landwehr-Offiziere. Diesen folgten sodann die Studiengenossen zu je vier und vier in langer Reihe, wornach die zweite (jüngere) Hälfte der Comitémitglieder den Schluß des imposanten, durch die Hauptstraße zur kgl. Studientirche sich fortbewegenden Zuges bildeten.

Der Regen hatte während des Zuges ausgesetzt und aus den Fenstern vieler Häuser, an welchen derselbe vorüberkam, blickten Frauen und Fräulein freudestrahlend nieder, grüßend und wieder grüßend, nicht selten zierliche, theils beachtete, theils zu ihrem Leidwesen unbeachtete Bouquete ihren zarten Händen entsendend.

Durch das westliche, mit Kränzen geschmückte Hauptportal
„in des Tempels Hallen
Mann und Greis und Jüngling wallen."

Sämmtliche geladenen Festgäste, der k. Regierungsrath und Schulreferent Herr J. von Ahorner an der Spitze, und die Comitémitglieder nahmen ihre Plätze im Chore, die Studiengenossen aber in dem geräumigen Schiffe der durch die Bemühung des Kirchenpräfekten und Comitémitgliedes Herrn Prof. Merkle festlich geschmückten Kirche ein.

So waren denn im Hause Gottes wieder zu gemeinsamer Andacht versammelt jene, die vor langen Jahren hier zusammen die erhabenen und erhebenden Worte des die Menschen beseligenden Evangeliums vernommen und dem Mysterium des heiligen Opfers der Messe beigewohnt und waren Männer zum Lobe des Allgütigen vereinigt, die vordem nie miteinander ihr Gemüth zum Herrn erhoben hatten.

Nachdem alle Festtheilnehmer ihre Plätze genommen und die Kirche für das übrige Publikum, welchem die Chor-Gallerien eingeräumt wurden, wie vor der Ankunft des Zuges, so auch jetzt wieder geschlossen war, begann sofort das Hochamt. Der hochverehrte Domkapitular und Generalvikar der Diöcese Augsburg, Herr Dr. Lorenz Gratz, welcher als vormaliger Professor am k. Lyceum dahier in gesegnetem Andenken steht, hatte die Güte, dasselbe zu celebriren; während die Herrn Stadtkapläne U. Uhl und J. Schilling den Levitendienst besorgten.

Unter Direktion des Hrn. Chorregenten A. Gebhart

wurde auf dem Musikchore eine Composition von Horak, die missa aus D moll mit Einfügung eines vierstimmigen Graduale und Offertoriums zur Aufführung gebracht, wobei sowohl hiesige Musiker, als auch Studiengenossen freundlichst mitwirkten und sich den Dank der Theilnehmer verdienten.

In Horaks Messe hörte man, wie in seinen für die Kirche bestimmten Compositionen überhaupt, eine ächt kirchliche Musik — Gesang und Instrumentirung im richtigen Verhältnisse, Alles getragen von einem dem erhabenen katholischen Cultus entsprechenden Charakter. Ehrfurcht und Andacht athmete aus allen Melodien und begleitete so die betende Schaar in ihren Gefühlen vom Kyrio bis zum „dona nobis pacem." Majestätisch aber ertönte dann, kräftig intonirt von dem Celebranten, ein von dem als ächt kirchlichen Compositeur gleichfalls wohlbekannten Führer entstammendes „Te Deum laudamus." — Wohl jedes Herz hat empfunden, wie viel Gründe es habe einzustimmen in diese herrliche Dankes=Hymne und vertrauensvoll sie zu schließen: „In te Domine speravi non confundar in aeternum."

Wie der Zug zur Kirche gekommen, so schied er auch wieder von derselben; allein entfalten konnte er sich nicht mehr; denn zu nahe lag das nächste Ziel — der „goldene Saal" des k. Lyceums.

Hier, in diesem Saale mit seinen in den herrlichsten Farben prangenden Fresken, in diesem Saale mannigfaltiger Erinnerungen war es gewiß entsprechend die eigentliche Festversammlung zu halten. Eingeleitet wurde dieselbe durch einen vierstimmigen Gesang, durch folgendes von Herrn Benefiziaten Bautenbacher in Günzburg gedichtetes und von Hrn. Chorregent Gebhart componirtes Lied:

  „Unhörbar stille waltet eine Macht
  Voll von Geheimnissen; in Licht und Nacht
  Bringt und entführt sie des Geschaff'nen Pracht.
  Ihr leiser Flug hat uns hieher gebracht,
  Um nochmal da, wo wir den Lauf begonnen
  Im Glanze der Erinnerung uns zu sonnen.

Die Macht heißt „Zeit." Mit unsichtbarer Hand
Schafft und zerstört sie Blum' und Diamant;
Doch trägt sie auch ins ew'ge Heimathland
Auf ihren Fittigen ben Geist, der erdgebannt,
Hienieden schmachtet, wie im Kerker trübe,
Bis, so wie schuf, ihn auch erlöst, die Liebe."

Uns Allen, die in alter Musenstadt
Ihr Flügelschlag nochmal vereinet hat,
Bleibt, wann zu bald die Trennungsstunde naht,
Als Trost ein Wunsch, ein letzter, heil'ger Rath:
„„Lebt wohl in Gott! wohin wir immer gehen,
Einst werden wir bei ihm uns wiedersehen!""

Dem Gesange dieses edlen Liedes folgte die **Festrede**. Der schon seit einem Vierteljahrhundert unermüdet an dem hiesigen Lyceum wirkende, um das Zustandekommen des Festes so viel bemühte k. Lycealrektor Dr. Pollak hatte auf den Wunsch des Comité's dieselbe zu halten übernommen.

Sie lautete (mit Hinweglassung einiger im Vorausgehenden schon erwähnter statistischer Angaben) wie folgt.

Hochansehnliche Versammlung!

Der berufsernste Mann, seit Jahren von seinen früheren Kampfgenossen getrennt, fühlt nicht-selten sein Inneres von einer Art Sehnsucht ergriffen, von einem immer lauter werdenden Verlangen, den Freund der Jugend, ja alle seine Jugendfreunde vereint noch einmal zu sehen, ihren warmen Händedruck zu fühlen, die mit ihnen in Leid und Freud verlebten Tage und besonderen Abenteuer im Gedächtnisse aufzufrischen, an ihrem Arme die trauten Plätze der jugendlichen Wonne wieder zu betreten, an ihrer Brust den alten Freundesbund durch Bruderkuß zu erneuern und, wo möglich, die Bande noch fester zu ziehen, und so im wärmenden Sonnenstrahle der Freude eines frohen Wiedersehens, im beglückenden Gefühle der Jugendverjüngung wahrhaft zu schwelgen.

Diesen Hochgenuß sowohl Ihnen, meine hochgeehrten Herrn, als auch den Bewohnern unsrer alma Dilinga, welche sich durch Ihren zahlreichen Besuch in hohem Grade geehrt fühlt, zu bereiten, bildete sich im Wonnemonate dieses Jahres ein Comité und das ersehnte Studiengenossenfest ist nach Beseitigung mancher Hindernisse glücklich herbeigeführt worden.

Mir wurde von dem Festcomité die ehrenvolle Aufgabe, an diesem denkwürdigen Tage, in diesem prachtvollen erinnerungsreichen Saale die Festrede vor einem ausgewählten zahlreichen Auditorium zu halten. — Da ich nur zu gut das geringe Maß der mir verliehenen Rednergabe kenne, muß ich auf die Nachsicht so vieler competenten Richter rechnen. —

Als Thema glaubte ich einen Stoff, welcher allen Herrn Festtheilnehmern nicht uninteressant sein dürfte, wählen zu sollen, nämlich die uns Alle nahe liegenden historisch-statistischen Verhältnisse der hiesigen Studienanstalten, zunächst der Lycealanstalt während ihres Bestehens in den 6 Decennien dieses Jahrhunderts. — Es wird hiebei eingehend über die Schul- und Lehrordnung gesprochen, und vorübergehend der Disciplin, der statistischen Verhältnisse, sowie der Attribute der Lehranstalt Erwähnung gethan.

A. Lehrplan.

Im Jahre 1804 wurde bekanntlich die ehemalige fürstbischöfliche Universität in Folge eines churfürstlichen General Schul- und Studien-Direktoriums-Beschlusses, München dd. 22. Octbr., aufgehoben.

Mit dieser Aufhebung erloschen lt. h. Erlaß der churpfalzbayer. Landesdirektion in Schwaben, dd. Ulm am 10. Dezbr. 1804, alle Privilegien der Universität.

Gleichzeitig wurde als höheres Lehrinstitut dahier ein vollständiges Lyceum mit zwei Sektionen, der Sektion für die allgemeinen höhern Wissenschaften und der theolog. Sek-

Hon nach dem bereits ein Jahr lang bestehenden Wiesmayr=
schen Studienplane er= und eingerichtet. — Nach diesem
Studienplane gab es 3 Jahrescurse für die Theologie, ei=
nen Triennalcurs für die Philosophie, einen zweiten und
ersten Triennalcurs mit je 3 Klassen für das Gymnasium.
Die ganze Studienzeit war somit auf 12 Jahre ausgedehnt.

Die Stellung der damaligen Lyceen war eine von der
bald darauffolgenden sowie der gegenwärtigen Zeit eine we=
sentlich verschiedene, indem die Lyceen als höhere Lehrinsti=
tute zwischen die Gymnasien und die Universitäten eingescho=
ben waren. Man nannte sie deßhalb Mittelschulen.

Es war diesen Schulen nicht gestattet, ein philosoph.
System in freiem selbstständigem Vortrage in gleicher Höhe
mit den Universitäten vorzutragen. — Demgemäß durfte,
wie ein höchster Erlaß vom 31. Dezbr. 1804 kundgibt, ein
philos. System nie dogmatisch, vielmehr mußten alle,
mehr oder weniger entwickelt und beleuchtet, nur historisch
gelehrt werden.

Weber, der erste Rector unseres Lyceums, nachmals
geistl. Rath Domdekan und Generalvikar in Augsburg, ein
tiefer Denker, Freund eines gründlichen selbstständigen Stu=
diums jeder Wissenschaft, konnte sich mit der Zwitterstellung
der Lyceen als Mittelschulen, mit den gegebenen höchsten
Vorschriften hinsichtlich des Vortrags über die philos. Wis=
senschaften nicht recht befreunden; er erblickte hierin eine allzu
ängstliche Beschränkung der Lehrfreiheit, ein direktes Verbot,
das Wesen des Wahren, Guten und Schönen in der Uridee
erforschen und das Erforschte mittheilen zu dürfen, und äu=
ßerte sich bei manchen Gelegenheiten unumwunden hierüber,
weßhalb er schon nach zwei Jahren des Direktoriums am
Lyceum enthoben worden war.

Die Leitung des Lyceums wurde interimistisch dem da=
maligen Rector und Professor am Gymnasium Stöger
übertragen.

Schon im Jahre 1808 erhielt die im Jahre 1804

vorgenommene Organisation des Schul= und Studienwesens eine Umformung durch das im Novbr. dieses Jahres erlassene allgemeine Normativ der Einrichtung der öffentl. Unterrichtsanstalten.

Dieses philologisch = philosophische Normativ von Niethamer hat sich in seinen Grundideen bis auf die neueste Zeit forterhalten. *)

Durch dieses Normativ wurden die Lyceen (es gab damals im Königreiche nur vier vollständige mit 2 Sektionen, zu Amberg, Bamberg, Dillingen und Trient, und ein unvollständiges mit nur einer (der philosophischen) Sektion zu München) aus der Stellung als Mittelschulen entrückt und dafür ihnen ein akademischer Rang zugewiesen.

Nach allerhöchster Bestimmung vom 4. November 1808 soll nämlich das Lyceum als eine höhere, der Universität parallel stehende, sowohl den philosophischen oder allgemeinen als auch den theologischen Universitäts=Cursus surrogirende Lehranstalt gelten und es soll die theologische Sektion als theologisches Spezialstudium einen dreijährigen, und die philosophische oder allgemeine Sektion einen zweijährigen Cursus analog der Universitäts=Einrichtung haben; auch sollen die Lyceen im Allgemeinen an die für die Universität vorgeschriebenen Gesetze strenge gebunden sein.

Nachdem so die Lyceen eine würdigere Stellung erhalten, übernahm Weber, da Prof. Gerhauser, damals zugleich Regens des Priester=Seminars, die Direction des Lyceums abgelehnt hatte, mit wahrer Freude das ihm unterm 30. Dezember 1808 wieder übertragene Direktorium und bekleidete diese Stelle 15 Jahre hindurch zum Ruhme der Anstalt.

―――――――

*) Nach diesem Normative gab es Studienschulen und Studieninstitute; jene zerfielen in Primär= und Sekundärschulen nebst einem Proggymnasium und einer dem letzteren parallel stehenden Realschule. Diese theilten sich in Gymnasial= und Realinstitute neben einander, von welchen ersteres in Ober=, Obermittel=, Untermittel= und Unterklasse des Gymnasiums weiter zerfiel.

Webers erste Sorge war, die Erhebung des Lyceums zu einer akademischen Stufe, sowie die bleibende Anordnung der übrigen Studien-Institute durch einen feierlichen Akt zu begehen. Es wurde deßhalb am 24. Januar 1809 unter Einladung sämmtlicher Behörden der Stadt ein Hochamt in der Studienkirche, eine Rede im Lyceumssaale und ein Concert im Gymnasiumssaale gehalten.

Nach der Niethammer'schen Studienordnung wurden den Gymnasien mehrere philosophische Disciplinen, z. B. Logik, Kosmologie mit natürlicher Theologie, Psychologie mit Ethik und Rechtskenntnissen, philos. Encyclopädie u. dgl. zugewiesen; und es wurden sofort mehrere Jahre hindurch Gymnasialschüler mit solchen etwas unverdaulichen Speisen bewirthet.

Zufolge einer Revision jenes Normatives wurden im Jahre 1816 diese philos. Vorbereitungs-Wissenschaften aus dem Kreise des Gymnasial-Unterrichtes ausgeschlossen und den höheren Schulen, Lyceen und Universitäten, vorbehalten. Gleichzeitig wurde unter Aufhebung der Fachlehrer der Unterricht in der Religion und Mathematik den Klaßlehrern übertragen. Aus leicht begreiflichen Gründen mußte diese letztere Anordnung bald zurückgezogen werden.

Zwar gelten nach dem Normativ vom Jahre 1808 der philos. und der theolog. Cursus an einem Lyceum und einer Universität als parallel und einander surrogirend; auch war es der Willkür der Studirenden anheimgegeben, ob dieselben die betreffenden Studien an der einen oder der anderen Schule absolviren wollten; allein hinsichtlich der Dauer des Studiums der allgemeinen Wissenschaften bestand zwischen Universität und Lyceum ein die letztere Anstalt sehr benachtheiligender Unterschied, indem das philosophische Studium an einer Universität in einem Jahre absolvirt werden konnte, während dasselbe an den Lyceen auf zwei Jahre ausgedehnt blieb. — Kein Wunder also, wenn — abgesehen von der größeren Freiheit, welche den Abiturienten von der Universität her entgegenwinkte — wenn die Frequenz an Lyceen verhältnismäßig geringer sich zeigte.

Der Studirende im gereifteren Alter weiß den Einfluß, welchen der Verlust eines Jahres in Bezug auf die künftige Anstellung mit sich bringt, gar wohl zu schätzen; auch ist der schwächste derselben in der Mathematik immerhin so bewandert, daß er seinen Eltern oder seinem Vormünder zu demonstriren versteht, die zweijährigen Auslagen an einem Lyceum stehen den einjährigen an einer Universität so ziemlich gleich. — Der Abiturient wird deßhalb in seiner Wahl, und dessen Eltern werden bezüglich ihrer Zustimmung nicht lange unschlüssig verbleiben. Unter solchen Umständen ward und wird das Universitätsstudium dem Studium an einem Lyceum gewöhnlich vorgezogen.

Ob mit dem Gewinne an Zeit jedesmal auch ein scientifischer und moralischer Gewinn verbunden ist, wollen wir dahin gestellt sein lassen. — Nur so viel bemerken wir, daß den seine akademische Freiheit mißbrauchenden Kandidaten — leider kommt ein solcher Mißbrauch vor — das beobachtende Auge an einem Lyceum gewiß früher als an einer Universität erreicht.

Trotz der Ungleichheit in der Dauer des philos. Studiums erfreute sich unser Lyceum auch in jenen Tagen einer nicht unbedeutenden Frequenz.

Unterm 10. Oktober 1824 wurde eine neue Studien-Einrichtung gegeben, welche, obgleich sie auf dem eingeholten Gutachten sämmtlicher Studienrectorate basirte, nur kurz vorübergehend war und dieses ihr Loos auch an den ihr nachfolgenden Schulplan vererbte.

Es wurde nämlich verordnet, um dem Studium der allgemeinen Wissenschaften, für welches bei dem großen Umfange dieser Disciplinen das Eine Universitätsjahr unzureichend sei, eine vollständigere Begründung und Behandlung zu sichern, daß künftig ein zweijähriger Cursus der Philosophie und der allgemeinen Wissenschaften dem Spezial-

ſtudium der Berufswiſſenſchaften auf den Univerſitäten voraus=
gehen ſoll, ſo daß zu den Berufswiſſenſchaften kein Stud=
render zugelaſſen werde, welcher nicht durch ein Abſolutorium
nachweiſt, den zweijährigen Curſus der Philoſophie vollendet
zu haben.

Zur Erreichung dieſes Zweckes ſoll ſtatt des unmittel=
baren Uebertrittes von dem Gymnaſium zur Univerſität das
Lyceal=Studium eingeführt werden, d. i. es ſoll an allen
Orten, wo ein Gymnaſium beſteht, wenigſtens eine Lyceal=
klaſſe eingerichtet werden, in welcher der erſtjährige Curſus
der Philoſophie zu hören iſt, worauf ſodann an der Univer=
ſität oder im zweijährigen Curſus eines Lyceums das phi=
loſophiſche Studium zu beendigen iſt.

Das Gymnaſial=Abſolutorium ſoll nicht mehr die Be=
fugniß, an die Univerſität überzugehen, ſondern nur die
Erlaubniß zum Eintritte in die Lycealklaſſe ertheilen. —
Zur Aufnahme an einer Univerſität war ein Lyceal=Abſo=
lutorium erforderlich.

Auf unſer Lyceum hatten dieſe Beſtimmungen keine
beſondere Rückwirkung, da hier ein zweijähriger Curſus der
Philoſophie bereits beſtand, und der erſte philoſ. Curs die
Stelle der an Gymnaſien eventuell zu errichtenden Lyceal=
klaſſe vertrat.

Nicht unwichtig erſcheint das Faktum, daß man ſchon
im Jahre 1824 den einjährigen Curſus für die allgemeinen
Wiſſenſchaften bei dem großen Umfange derſelben, welche
damals bei weitem nicht auf der Höhe ſich befanden, auf
welcher ſie jetzt ſtehen, für unzulänglich zu deren vollſtän=
digen Begründung und Behandlung erkannte, und daher die
Dauer des philoſophiſchen Studiums um ein Jahr verlängerte,
das Gymnaſialſtudium dagegen um ein Jahr verkürzte.

Würde man gegenwärtig, wo die allgemeinen Wiſſen=
ſchaften an Umfang faſt um das Doppelte ſich erweitert
haben, hinſichtlich der vollſtändigen Begründung derſelben
die gleiche Anſicht hegen und ausſprechen; — dann dürfte,

wenigstens in diesem Punkte im Studienwesen auf das Jahr 1824 zu recurriren sein. — Selbst den öffentlichen Lehrern dürfte ein solcher Rückschritt unwillkommen nicht sein, indem durch die genannte allerhöchste Bestimmung vom 10. Okt. 1824, in welchem Jahre die Lebensverhältnisse gewiß minder gesteigert waren, den würdigen Lehrern zur Belohnung eine Erhöhung des Gehaltes derselben bis auf 1500 fl. und nach 20 jähriger ausgezeichneter Dienstleistung der Rang von Universitäts-Professoren in Aussicht gestellt worden.

Der im Februar 1829 sowie der im März 1830 erschienene Plan zur künftigen Einrichtung der lateinischen Schulen und Gymnasien modificirte die Lyceal-Lehrordnung nicht.

Dagegen erhielten die Lyceen durch die allerhöchsten Bestimmungen vom 30. Nov. 1833 eine beprimirende Umänderung. — Zwar wurde ihnen der Charakter von Spezialschulen für das philos. und theolog. Studium belassen, und ihnen der Rang hinsichtlich der Lehrgegenstände auf gleicher Linie mit den betreffenden Fakultäten der Landesuniversitäten zugesichert: — hinsichtlich der übrigen Einrichtung aber wurden die Lyceen von den Universitäten so weit entfernt, daß sie so ziemlich den Gymnasien gleich kamen, obwohl die sogenanten Lycealklassen mit gemischtem Lyceal- und Gymnasial-Lehrstoffe wieder aufgehoben wurden.

Die Lyceen hatten nämlich die auf den Gymnasien erhaltene Bildung in einer diesen Vorstufen a n a l o g e n Weise fortzusetzen.

Es ward an den Lyceen eine wahrhafte Gymnasial-Disciplin eingeführt und es mußte auf Lyceen der Doppelstandpunkt des Erziehens und Lehrens aufgegriffen und eingehalten werden.

Es wurde auch für den philosophischen Cursus der Lyceen eine Absolutorialprüfung unter dem Vorsitze eines abgeordneten Universitätsprofessors anbefohlen. Auch wurden außerdem noch eigene Visitations-Commissäre zur Inspicirung der Lyceen in Aussicht gestellt.

Der an einem Lyceum begonnene Unterricht mußte von jedem Lyceal-Candidaten daselbst vollendet werden.

Der Besuch der Wirthshäuser war ihnen gänzlich untersagt; — vorher war wenigstens der Besuch bestimmter Gasthäuser erlaubt.

Wenn auch an Universitäten Semestral- und Absolutorial-Prüfungen als allgemein bindend angeordnet wurden, so war doch der akademische Bürger in allen übrigen Dingen emancipirt und genoß noch den weiteren Vortheil, das allgemeine und Fachstudium zusammen in vier Jahren beendigen zu können.

Da derselbe nach seinem Ermessen die philos. Studien auf die ersten zwei Universitätsjahre ausdehnen, aber auch schon im ersten Jahre neben der Philosophie einleitende Fachcollegien hören durfte, so brachte diese Ungleichheit bei eintretendem Studiums-Wechsel zwischen Universität und Lyceum eine große Verwirrung mit sich.

Die Lycealrectorate mußten bei dieser Sachlage, wollten sie nicht in Bälde das gänzliche Eingehen der philos. Section abwarten, gegen den Fortbestand dieser neuen Einrichtungen durch Berichte und Vorstellungen fortwährend ankämpfen.

Die oberste k. Studienbehörde erkannte auch bald die Nothwendigkeit einer Abhilfe.

Durch das Normativ vom 19. Nov. des Jahres 1838 wurde die Vertheilung der zu hörenden philos. Lehrgegenstände wie an Lyceen, so auch an Universitäten auf zwei Jahre ausgedehnt und die Abordnung eines Commissärs zu den philoph. Absolutorial-Prüfungen eingestellt.

Ueberdieß wurde durch höchsten Erlaß, dd. 20. Juli 1840, gestattet, daß die Studirenden nach Ablauf jeden Semesters von einem Lyceum an eine Universität und umgekehrt zur Fortsetzung ihrer Studien übertreten können.

So ward endlich zwischen den Lyceen und Universitäten hinsichtlich der Sonderung des phil. Studiums vom Fachstudium, hinsichtlich der Vertheilung und Ausdehnung der Lehrgegenstände und hinsichtlich der Dauer des akademischen Studiums Einheit hergestellt. — Die Lyceen waren nun wirklich das, zu was sie längst bestimmt worden waren, nämlich in wissenschaftlicher Beziehung mit den Universitäten auf gleicher Linie stehende Spezialschulen des philos. und theol. Cursus. — Der Studirende der Universität hatte vor dem eines Lyceums keinen besonderen Vortheil mehr voraus als den der größeren Ungebundenheit. — Semestralprüfungen bestanden gleichmäßig an beiden Lehranstalten und der Wechsel zwischen Lyceum und Universität war ungehindert. Die Frequenz der Lyceen steigerte sich von Jahr zu Jahr; der Flor der Lyceen hob sich.

Da, und vielleicht aus keinem andern Grunde als wegen des glücklichen Gedeihens der Lyceen, — da erging am 31. Ottober 1847 interimistisch an die drei Landes-Universitäten eine Weisung, welche unter Aufhebung der bereits 8 Jahre lang bestehenden ganz sachgemäßen Studien-Einrichtung wieder zum früheren, den Lyceen so verderblichen Standpunkte vor dem Jahre 1838 einlenkte, nachdem hierüber wohl das Gutachten der Landes-Universitäten, der Lyceen jedoch nicht, abverlangt worden war.

Es wurden nämlich an Universitäten die Trennung des Studiums der allgemeinen Wissenschaften von dem der Fachgegenstände, dann die Disciplinar-Einrichtung des Ephorats und die Semestral-Prüfungen aufgehoben, und die fünfjährige Dauer der Universitätsstudienzeit wieder auf 4 Jahre herabgesetzt. — Den Lyceen wurde von allem diesem Nichts gewährt; vielmehr die an ihnen bestehende Studien-Einrichtung mit fünfjähriger Studienzeit belassen.

Dadurch ward neuerdings eine Studien-Verwirrung und der Ruin der Lyceen, wenigstens der philosophischen Sektion angebahnt. —

Düstere Stimmung bemächtigte sich sowohl der Professoren eines Lyceums als auch der Candidaten und deren Eltern; der ersteren wegen der bevorstehenden Veröbung der Hörsäle, der letzteren wegen der Nothwendigkeit, den einmal liebgewonnenen Studienort verlassen und eine Universität beziehen und beziehen lassen zu müssen. — Das Ringen nach Gleichförmigkeit begann von Neuem. —

Doch verbreitete schon der 28. Sept. und insbesondere der 13. Nov. des Jahres 1849 wärmenden Sonnenschein über die kühle Stimmung an den Lyceen; — denn die erlassene allerh. Bestimmung stellte hinsichtlich der Lehrgegenstände, der Dauer des akademischen Studiums und großentheils auch hinsichtlich der Disciplin die Lyceen mit den Universitäten wieder auf gleiche Linie.

Es wurde nämlich verordnet:

a) es gibt an Lyceen 'nur einen einjährigen philos. Cursus, wie an Universitäten,

b) Semestral-Prüfungen, sowie die philos. Absolutorialprüfungen sind aufgehoben,

c) Hörfreiheit gilt auch an Lyceen, doch bleibt den erzb. und bischöflichen Ordinariaten eine besondere Anordnung vorbehalten.;

d) der Uebertritt von der einen Anstalt zur andern kann nach Ablauf eines jeden Semesters geschehen;

e) für alle Lyceen sind gleiche Statuten mit möglichster Annäherung an jene der Universitäten abzufassen,

f) mit Ausnahme der allgem. Geschichte sind alle philos. Collegien in einem Semester zu beendigen, oder, wie später angeordnet worden, jeder Professor ist verpflichtet, seine Nominalfächer wenigstens alle Jahre vollständig vorzutragen.

Jene Gleichförmigkeit mit den Universitäten, welche die Lyceen fortwährend anstrebten, und anstreben mußten, war nun wieder erreicht und ist bis zur Stunde noch vorhanden. Wenngleich die Lyceen in allen Punkten mit der neuen akademischen Studieneinrichtung sich nicht ganz befreunden können, so glauben sie doch mit dem wieder Erlangten sich befriedigen zu sollen.

Nur in einem Punkte wagten die Lyceen — und hierin hatten dieselben auch die Ansicht der betreffenden Universitätsprofessoren für sich — auf eine Abänderung Anträge zu stellen.

Nach der neuesten Studien-Einrichtung mußten auch Dogmatik, Moral und Kirchengeschichte in einem Jahre vollständig vorgetragen werden. — Es geschah auch so; aber immer mehr überzeugte man sich von der Unzweckmäßigkeit dieser Forderung, indem die Sache selbst darunter litt. — Durch h. Erlaß vom 19. Mai 1857 wurde genehmigt, daß die genannten 3 Doctrinen auf die ersten zwei Jahrescourse des theolog. Studiums ausgedehnt werden durften. — Endlich wurde nicht bloß die Dauer des theolog. Studiums überhaupt, sondern auch die Dauer des Aufenthaltes in den Clerikal-Seminarien an Lyceen und Universitäten gleichheitlich festgesetzt.

So stehen jetzt die Lyceen in bester Harmonie mit den Universitäten, ihren Musteranstalten, da. Möge es dem Himmel gefallen, daß dieselben nicht wieder aus dieser parallelen Stellung in eine schiefe Richtung gebracht werden! —

Ueberblicken wir das hinter uns liegende halbe Jahrhundert noch einmal, so begegnen wir einer Mannigfaltigkeit von Studienplänen, sowie einer oftmaligen Abänderung der Studienzeit.

Der Wismayr'sche Studienplan vor dem Jahre 1809 hatte eine 12jährige Studienzeit festgesetzt; hievon trafen 6 Jahre auf das Gymnasium, 3 auf den philos. und 3 auf den theolog. Cursus. — Die Vorbereitungszeit für das Universitätsstudium bestand mithin nur in 6 Jahren.

Der Niethammer'sche Studienplan vom Jahre 1809 an, dehnte dieses Vorbereitungsstudium auf 8 bis 10 Jahre aus, und reducirte das philos. Studium auf 2

Jahre; das dreijährige Studium der Theologie verblieb; man hatte sonach damals eine fünfzehnjährige Studienzeit; nur war das Ueberspringen der einen oder der andern Klasse gestattet, so daß nicht selten die besseren Schüler das Vorbereitungsstudium in 7—8, anstatt in 10 Jahren beendigten.

Vom Jahre 1817 an wurde diese Vorbereitungszeit allgemein auf 8 Jahre herabgesetzt, folglich die ganze Studienzeit auf 13 Jahre ausgedehnt.

Der Schulplan von 1824 hat das Progymnasium aufgehoben, dafür das Gymnasium auf 5 Klassen erhöht, und also die bisherigen 8 Klassen auf 7 reduzirt. — Die ganze Studienzeit betrug 12 Jahre.

Im Jahre 1829 hat der Thiersch'sche Schulplan, dem Niethammer'schen sich nähernd, ein 4jähriges Gymnasium und unter diesem eine aus 3 Doppelcursen bestehende Lateinschule eingeführt, so daß die Vorbereitung für die Universität wieder auf 10 Jahre ausgedehnt worden war.

Im Jahre 1830 mußte dieser Schulplan einem andern weichen, in welchem wieder 4 Vorbereitungsklassen, aber nur 3 Gymnasialklassen festgesetzt worden sind. Eine 4. Gymnasialklasse bestand in fakultativer Weise, so daß dem Schüler freigestellt war, diese oder ein Jahr am Lyceum durchzumachen.

Im Jahre 1834 wurde die 4. Gymnasialklasse allgemein vorgeschrieben; und so war wieder die achtjährige Vorbereitungszeit hergestellt.

Diese Einrichtung mit einem Gymnasium von vier Klassen und einer ebensoviele Jahre umfassenden sogenannten lateinischen Schule hat die revidirte Ordnung von 1854 auch bis auf heute belassen.

Was die Lyceen insbesondere betrifft, so befanden sich dieselben in einem fortwährenden Hin= und Herwogen, zwischen einem ihnen nimmer zu verargenden Streben nach Vorwärts, nach Oben, zu der Stufe hin, auf die man sie gestellt hatte, nach gleicher Lehrmethode mit den Mutterschulen, die zu fur=

rogiren sie bestimmt sind, — und zwischen einem Zurückgedrängtwerden zu den ihrer Natur nach minder zwanglosen Gymnasialverhältnissen.

Das sicherste Mittel, die emporblühenden Lyceen welken zu machen, bestand stets darin, die Dauer der Lycealstudien zu verlängern und die Disciplin an den Lyceen zu verschärfen. Das Eine wie das Andere muß die Candidaten von so gestalteten Spezial-Hochschulen entfernt halten. — Wer mag es dem 20jährigen Jünglinge verargen, wenn er von dem engern Schulzwange befreit einmal die Knabenschuhe auszuziehen sich sehnt, und darum dahin eilt, wo er in die Kategorie der Männer gestellt zu werden pflegt?

Das k. Staatsministerium, niemals abhold den Lyceen, hat, wenn die Noth am größten war, denselben aus ihrer Zurücksetzung auf die ihnen gebührende würdigere Stelle wieder empor geholfen. Darum sei Höchstdemselben der tiefgefühlteste Dank für das bewährte gnädigste Wohlwollen hier ausgesprochen.

Die bisweilen schnell aufeinander folgenden Umformungen im Studienwesen liefern im guten Sinne aufgefaßt den Beweis, wie sehr Verbesserung der National-Bildung der weisen, väterlich gesinnten kgl. Regierung am Herzen liegt, und mit welchem rastlosen Eifer dieselbe nach Realisirung des Vollkommen strebt.

B. Disciplin.

Die Akten über Disciplin reichen am hiesigen Lyceum bis zum Jahre 1812 zurück.

Sie weisen nach, daß man fast in jedem Jahre — zumal in der früheren Periode — Namen von Studiengenossen verzeichnet findet, welche gegen die bestehende Vorschriften ausschlugen, so daß der Zaum gegen diese jugendliche Ungebundenheit etwas straffer angezogen werden mußte.

Statuten zur Aufrechthaltung der Ordnung an Studienanstalten sind unerläßlich, darüber sind wir gewiß ein=

verstanden. Fragen wir aber „welche," dann dürfte die Antwort mit einiger Zögerung erfolgen.

Leichter fügt sich der Knabe, schwerer der Jüngling, der junge Mann, zumal wenn dieser noch nicht als solcher behandelt wird. — An die Stelle der früheren Geschmiegsamkeit tritt später bei dem jungen Manne eine berechnende Ueberlegung, ein gewisses Selbstgefühl, welches nicht unterschätzt werden darf.

Die meisten Verstöße wurden gegen die Beschränkung der Freiheit begangen, nicht viele gegen den Fleiß, noch weniger gegen die äußere Ordnung und guten Sitten. — Höchst selten kamen Differenzen mit Nichtstudirenden vor. — Schnell wurden solche durch gemeinsames Zusammenwirken beseitigt, weniger schnell, wenn die eine Behörde irgend eine Begünstigung der Ihrigen durchblicken ließ.

Die meisten Vergehen fallen auf die Jahre 1830—1846, während welcher Zeit den Lyceisten jeglicher Besuch der Gasthäuser untersagt war.

Die gedruckten Kataloge, welche bis zum Jahre 1804 zurückgehen, sind, wenngleich sie ein Verzeichniß zunächst unserer geistigen Gaben vorstellen, nichts desto weniger auch Zeugnisse über unsern Fleiß, welcher sich insbesondere durch die Wandelbarkeit in den Fortgangsplätzen deutlich beurkundet.

Vom Jahre 1804—1809 sind aus den gehörten Lehrgegenständen am Lyceum die einzelnen zuerkannten Noten in den Katalogen eingetragen und von 1809—1839 nur allgemeine Fortgangsplätze; endlich vom Jahre 1840 an geben die Kataloge über die Leistungen der Lyceisten, indem dieselben alphabetisch aufgeführt sind, keine Rechenschaft mehr.

Bezüglich des Gymnasiums und der Lateinschule findet man von 1809—1829 nur die allgem. Fortgangsplätze; vor und nach dieser Periode aber auch die Leistungen in den einzelnen Lehrfächern in den öffentlichen Jahresberichten vorgetragen.

Wenn auch, wie oben gesagt, unter den vielen Studirenden immerhin einige waren, welche hinter ihren Pflichten zurückblieben, so hat doch bei weitem die Mehrzahl der Studiengenossen mit rühmlichem Fleiße das ausgesteckte Ziel erreicht. — Männer sind sie geworden, welche der nachrückenden studirenden Jugend als Lichtpunkte entgegen strahlen.

C. Statistik.

In den sechs Decennien dieses Jahrhunderts besuchten die hiesigen Anstalten nahezu 5000 Schüler, welche als zu dem gegenwärtigen Feste berechtigte Theilnehmer oder als Studiengenossen gelten. Von diesen ist wohl bereits mehr als der fünfte Theil in das bessere Heimatland uns vorausgegangen.

Von den 5000 Studiengenossen haben das Lyceum, ohne an den übrigen Anstalten dahier gewesen zu sein, 1840 besucht; dagegen studirten am Gymnasium und an der Lateinschule, ohne an das Lyceum übergetreten zu sein 2270, und nur 840 Studiengenossen befanden sich an den sämmtlichen Anstalten dahier, indem diese alle Klassen und Curse, oder doch deren Mehrzahl durchwanderten.

Wenn ich bemerkte, die Zahl der zu diesem Feste berechtigten Studiengenossen belaufe sich auf 5000, so ist damit nicht gesagt, daß die Zahl der Schüler, wie sie vom Jahre 1804 an in den Katalogen aufgeführt sind, 5000 betrage; sondern die Anzahl der dem Namen nach verschiedenen Genossen, von welchen manche mehrere Jahre hier zubrachten, und darum in den Katalogen mehrmal vorkommen, beläuft sich auf 5000.

Dagegen entziffert sich die Gesammtzahl der in den Katalogen aufgezeichneten Schüler auf 19,900, von welchen das Lyceum 7600 und das Gymnasium mit Lateinschule 12,300 frequentirt haben.

Hieraus ergibt sich als Durchschnittszahl für die 6

verflossenen Decennien beim Lyceum 127 und bei den andern Anstalten 204 Studirende jährlich.

Bedenkt man, daß früher weniger Gymnasien und Lateinschulen, zumal auch weniger Gewerbe- und polytechnische Schulen, ja selbst weniger Lyceen im Lande waren: so dürfte einleuchten, daß gegenwärtig die Frequenz an den hiesigen Studienanstalten in einem Städtchen, welches überdieß von den neuen Verbindungsstraßen entfernt liegt, jene früheren Höhen wohl nur ausnahmsweise erreichen könnte. Doch nein, beinahe hätte ich vergessen, daß in unserer nächsten Nähe ein Gebäude eingerichtet worden, und bereits ein zweites von derselben Ausdehnung aus dem Boden emporgewachsen ist, welche Gebäude dazu bestimmt sind, 120 Zöglinge aufzunehmen, 120 junge Studiengenossen zu beherbergen und zu verpflegen, durch deren nachhaltigen Zuwachs die Studienanstalten dahier für immer vor Entvölkerung gesichert sein werden. Mit Stolz und wahrer Freude blicken die Professoren auf diese junge Saat hernieder, deren Fortbildung und Veredelung ihre heiligste Aufgabe ist und sein wird. —

Dank, inniger, tiefgefühlter Dank unserm hochwürdigsten Herrn Bischofe, welcher als glorreicher Hirte einer zahlreichen Heerde dieses schon jetzt in glänzendem Flore stehende Institut — das bischöfl. Knabenseminar in's Leben gerufen.

Dank allen Diöcesanen, Dank insbesondere der hochwürdigen Geistlichkeit, durch deren großartige nimmer versiegende milden Beiträge solche Gebäude hergestellt werden konnten, ein solches Institut zum Ruhme der Kirche und Schule fortwährend erhalten werden kann. —

Noch finde ich der Erwähnung werth, daß unter den 5000 Studiengenossen etwa 300 Ausländer, aus den angrenzenden Ländern, Württemberg, Sigmaringen, Baden, Schweiz und Tyrol mit Vorarlberg, dahier geistige Nahrung suchten und fanden. Es ist leicht einzusehen, daß der gegenwärtige Aufenthalt dieser Genossen, welche sich wieder, wenige abgerechnet, in ihr Heimatland zurückbegeben und ihr Unterkommen gefunden haben, nicht wohl zu ermitteln war, und daß eben deßwegen und aus keinem andern Grunde nur wenige speziell zu unserm Feste eingeladen werden konnten.

D. Rectoren und Professoren.

Des ersten Vorstandes unserer Lyceal-Anstalt, des gelehrten Weber, dessen ganzes Wesen für ächte höhere Wissenschaft erglühte, habe ich schon oben gebührend erwähnt. Zwar trat er nach kurzer Amtsführung, da jene Zwitterstellung des Lyceums mit seiner Ansicht nicht harmonirte, ab, um bald darauf, nachdem sich die Stellung der Lyceen nach seinem Sinne gestaltet hatte, das Direktorium wieder in seine Hand zu nehmen und als ein Stern erster Größe so lange zu leuchten, bis die akademische Stellung der Lyceen sich abermals zu trüben begann.

Als zweiten Direktor des Lyceums habe ich die Ehre zu nennen — den Fr. Ant. Nußlein. Ich glaube überzeugt sein zu düsen, daß bei Nennung dieses Namens das Herz vieler von den anwesenden Herren Studiengenossen höher zu schlagen beginnt.

Nußlein gehörte schon seit dem Jahre 1812, mit Ausnahme weniger Jahre, als eminente Lehrkraft der hiesigen Lycealanstalt an. Er war ein allseitig gebildeter, gelehrter Mann, ein ausgezeichneter Lehrer, dessen Schüler gewesen zu sein man sich zur hohen Ehre anrechnen darf; liebevoll gegen seine Collegen, väterlich gesinnt gegen seine Schüler. Mehr durch Güte als Strenge hatte er die zahlreichen Lyceal-Kandidaten in bester Ordnung erhalten; alle waren von hoher Achtung gegen seine würdevolle Persönlichkeit erfüllt. Viele Ausländer waren hieher geströmt, um aus dem unerschöpflichen Born echter Wissenschaft zu schöpfen. Er starb am 22. März 1832, zu früh für die Wissenschaft, zu früh für die Anstalt; zwar arm an irdischen Gütern, aber reich an Tugenden. Hr. Prof. Martin Niß, der vieljährige Professor und allgemein geliebte Lehrer, den Schwerhörigkeit allein von diesem Saale in diesem festlichen Momente entfernt hält, hat in seinem Programme zum Studienjahr 1831/32 einen immergrünen Kranz auf das Grab des verewigten Nüßlein niedergelegt.

Nüßleins Nachfolger im Amte war Angelus Schrott, zugleich auch Rector am Gymnasium; letztere Würde bekleidete er schon seit dem Jahre 1825. Schrott war ein guter Philologe; Zeuge ist sein Programm zum Jahre 1830 in lateinischer Sprache, ein gewissenhafter Professor ein gewandter Schul- und Geschäftsmann. — Nachdem derselbe sein 40. Dienst- und sein 70. Lebensjahr zurückgelegt hatte, sehnte er sich nach Ruhe und er erhielt sie unterm 11. Nov. 1849, unter Bezeugung der Allerhöchsten Zufriedenheit mit seinen langjährigen, treuen und eifrigen Dienstleistungen.

Dr. Joh. Bapt. Agmold, mein vieljähriger College, ein Schüler, Verehrer und Freund des großen Nüß= lein, ein Mann voll Bescheidenheit, von gründlicher Gelehr= samkeit und mit klarem Vortrage, war der Nachfolger von Schrott, jedoch nur als Rektor am Lyceum, indem die unter Schrott vereinigt gewesenen Rectorate wieder getrennt wurden. — Nur wenige Jahre war es ihm gegönnt, sein Amt in ruhiger, würdevoller Haltung zu bekleiden; im besten Man= nesalter schied er im Jahre 1853 aus unserer Mitte, all= gemein tief betrauert.

Nach Anführung der vier aufeinanderfolgenden Vor= stände am Lyceum läge es allerdings in meiner Pflicht, auch der übrigen Vorstände und Lehrer an den Gesammt= Studienanstalten gebührend zu erwähnen, z. B.
des ausgezeichneten Professors und Regens Gerhauser,
des gelehrten Professors Schmid,
des tiefen Denkers mit klarem Vortrage, Prof. Ruf,
des der Wissenschaft zu früh entrissenen geistreichen Prof. Wirth,

des über alles Lob erhabenen Prof. Hagel,
der mit Aengstlichkeit der gewissenhaften Erfüllung ihres
Berufes sich hingebenden Posessoren Moll und Stempfle,
des unübertroffenen Prof. und Regens Schlichting,
von seinen Alumen mit dem Vaternamen beehrt
und noch vieler Anderer;
allein es mangelt hiezu die Zeit. — Möge es genügen, nur
die Namen einiger ins Gedächtniß hier gerufen zu haben.

Seit dem Jahre 1804 wirkten am Lyceum 6 Rectoren, davon sind 5 in das bessere Jenseits hinübergegangen; und 41 Professoren, von welchen 25 nicht mehr leben.

Am Gymnasium entfalteten ihre Thätigkeit seit dem Jahre 1804 acht Rectoren, von welchen ebenfalls 5 heimgegangen sind, und 65 Professoren, von welchen gleichfalls 25 hienieden nicht mehr pilgern.

Und nun nur noch ein paar Worte über die Lehrattribute der Studien-Anstalten, insbesondere der Lyceal-Anstalt.

E. Attribute.

Eine ziemlich reichhaltige Bibliothek steht diesem zunächst zu Gebote; allein bis zum Jahre 1846 wußte man weder welche Bücherwerke in dem Bibliothek-Lokale noch viel weniger wo dieselben zu finden sind. — Seit dieser Zeit aber gibt ein alphabetischer und ein Fachkatalog den lang entbehrten Aufschluß, so daß die aus 50,000 Bänden bestehende Studienbibliothek vollkommen zugänglich ist. — Die Herstellung dieser Kataloge, wahrhaft eine Riesenarbeit, wurde angeregt und überwacht von dem unvergeßlichen und unermüdeten Arbeiter, Professor Stempfle; mit Beihilfe fast aller damaligen Professoren und einiger Kandidaten in nahezu vier Jahren beendigt.

Das physikal. Cabinet, schon ursprünglich ausreichend eingerichtet, blieb in der neueren Zeit mit den

Anschaffungen der vielen werthvollen neuen Apparate nicht zurück.

Die Naturalien-Sammlung bestand im Jahre 1834 nur aus einigen hundert Exemplaren von Mineralien, verdiente mithin den Namen eines Naturalien-Kabinets nicht. Dieses ist aber zur Zeit schon so gut bestellt, daß es dem physikalischen Cabinete fast als ebenbürtig zur Seite steht.

Chemische Apparate und Präparate sind erst in der neuesten Zeit nachgeschafft worden; sie können den beabsichtigten Zwecken entsprechend dienen.

Durch das Wohlwollen, durch die weise Vorsorge der k. Kreisregierung und des k. Staatsministeriums wurde diese Ordnung und Erweiterung der Lehrattribute in so glänzender Weise ermöglicht, indem nicht nur die Etat-Positionen fast auf das Doppelte ihres früheren Betrages nach und nach erhöht, sondern auch momentane, nicht unbeträchtliche Zuschüsse huldreichst gewährt wurden.

Daher drängt es mich, für diese weise, väterliche Vorsorge den betreffenden hohen und höchsten k. Staatsbehörden auch bei dieser Gelegenheit den tiefgefühltesten Dank im Namen der Anstalt auszusprechen, und wohl auch im Namen der Herren Studiengenossen, welche als ehemalige Schüler dieser Anstalten den hohen Werth und die praktische Bedeutung solcher Attribute kennen gelernt haben. —

Schließlich darf nicht übergangen werden, daß unsere Sammlungen durch Legate und Schankungen manchen nicht unbedeutenden Zuwachs erhalten haben, ja noch erhalten, indem erst gestern eine Suite Petrefacten durch einen der hochgeehrten Herren Studiengenossen — der beste Dank sei dem freundlichen Geber hier dargebracht — für das Naturalien-Cabinet mir behändigt worden.

Die Bibliothek, sowie sämmtliche Cabinete stehen den verehrten Herren Studiengenossen und Fest-Gästen bereitwilligst zur Einsicht offen.

Indem ich um Entschuldigung bitte, die Geduld der

hochansehnlichen Versammlung vielleicht über Gebühr in Anspruch genommen zu haben, und indem ich für die gütigst gewährte Nachsicht danke, schließe ich mit dem Wunsche:

"Möge nach einem Vierteljahrhundert ein ähnliches Fest dahier sich gestalten und ein würdigerer Nachfolger mit beredterer Stimme in diesem Saale sprechen!" —

Mit düstern Wolken bedeckt erschien noch immer der Himmel; die Sonne war den Blicken entrückt; aber die Uhren zeigten, daß dieselbe bereits den Culminationspunkt überschritten, als die Fest-Versammlung im goldenen Saale beendet war. Schnell hatten sich die Theilnehmer zerstreut, und es wird nicht weit gefehlt sein, wenn man die Vermuthung ausspricht, daß die Mehrzahl da oder dort eine Labung suchte, wohlerwägend, daß die Mittagsstunde ihre Berechtigung habe und die Zeit ausgefüllt werden müsse, welche noch übrig war bis zum Beginne des auf 2 Uhr angesetzten F e st m a h l e s.

Festmahle, Festdiné's, Zweckessen oder wie sie immer heißen, sind eine stehende Rubrik bei allen größeren Versammlungen und sicherlich hätte man dem Comité einen berechtigten Vorwurf machen können, wenn es nicht dieser allgemeinen Uebung gehuldigt hätte. Aber gerade die Veranstaltung eines Dinés hatte wieder ebenso große, wenn nicht noch größere Schwierigkeiten, als die Auswahl und Instandsetzung eines Festlokales. Eine Anzahl von 4 oder 500 Personen kann in Dillingen in keinem Gasthause zumal ausgespeist werden; denn es ist für gewöhnlich kein Bedürfniß hiezu vorhanden. Aber gerade die Vereinigung aller Theilnehmer war auch der Punkt, welcher die erste und durchgreifendste Berücksichtigung forderte. Was blieb nun zur Erreichung dessen anderes übrig, als Alles aufzubieten, um das Festmahl im Festlokale zu veranstalten? Da fehlte es aber an allen Voraussetzungen zu einer solchen Veranstaltung — an einer Küche, an Herden, an entspre-

chenden Geschirren, an Tischzeugen und was dergleichen
Sachen mehr sind. Glücklicherweise übernahm es der neu
etablirte Besitzer zum „Bayerischen Hofe" dahier, H. A. Ruf,
für alle diese Dinge zu sorgen und ein frugales Mahl zu
à Couvert 2 fl. 30 kr. zu bereiten.

Nach Maßgabe der bis in die ersten Tage des August
eingekommenen Anmeldungen konnten dem Gastgeber 400
Gedecke zugesichert werden. Als sich durch die Einzeichnungen
bei dem Feste selbst eine viel größere Betheiligung heraus-
stellte, ergab sich das Bedürfniß, die Zahl der Gedecke auf
550 zu erhöhen. Eine weitere Steigerung wäre wohl noch
wünschenswerth gewesen, erwies sich aber als unthunlich.

Bei dem Herannahen der bestimmten Stunde füllten
sich die Räume, und theils mehr, theils minder gewandte
Hände brachten im Laufe der nächsten paar Stunden bei,
was die Küche bereitet. Daß während derselben auch
Muße genug war, sich in ernsten oder heiteren Gesprächen
zu ergehen, ist eine ebenso natürliche, als den Theilnehmern
wohlbekannte Sache.

Eine Pause benützend sprach der Comité-Vorstand,
Herr Lycealrektor Dr. Pollak folgenden Toast:

Meine Herren!

Was die Städte Hamburg, Paris, Genua und Preß-
burg an Ländern zwischen sich einschließen, habe ich —
größtentheils zu Fuß — durchwandert und dabei die Verhältnisse dieser Länder genau kennen gelernt.

Von diesen Wanderungen brachte ich eine kostbare
Perle mit nach Hause, — die Ueberzeugung nemlich, daß man in
keinem dieser Länder zufriedener, glücklicher und sicherer lebt,
als in unserm gesegneten Bayernlande unter der Aegide
unserer glorreichen Könige.

Ich erlaube mir nun in diesem frohen Kreise auf das
Wohl unseres gegenwärtigen Monarchen ein dreifaches,
begeistertes Hoch auszubringen mit den Worten:

Seine Majestät, unser allgeliebter König Ludwig II., lebe Hoch! Hoch! Hoch!

Die Geschütze begleiteten diesen Toast; aber mächtiger noch tönte das „Hoch" aus der durch edle Gefühle gehobenen Brust von sechsthalbhundert versammelten Männern.

Sofort wurde der Berichterstatter von Comité wegen beauftragt, von Ausbringung dieses Toastes vermittelst Absendung eines Boten an die Station Offingen durch den Telegraphen Nachricht an das damals in Hohenschwangau befindliche allerhöchste königliche Hoflager zu bethätigen.

Diesem angenehmen Auftrage ward Namens des Comité entsprochen und als allergnädigste Erwiderung traf folgendes aus Hohenschwangau den 25. August 1865 datirte Schreiben des allerhöchsten Sekretariats Seiner Maj. des Königs ein:

Ew. Hochwürden

haben einen Festgruß unterzeichnet, welchen die in Dillingen versammelt gewesenen Studiengenossen auf telegraphischem Wege an Seine Majestät den König, unsern allergnädigsten Herrn, gelangen ließen. Allerhöchstdieselben haben mich deßhalb beauftragt, Ihre gütige Vermittelung zu dem Zwecke in Anspruch zu nehmen, daß **den beim Feste zugegen gewesenen Herren der Dank Seiner Majestät kundgegeben werde.** Indem ich hiemit diesem allerhöchsten Auftrage genüge, zeichne ich mit ausgezeichneter Hochachtung als

Ew. Hochwürden

ganz ergebener
v. Pfistermeister
S. d. Kgs.

Was dieses allerhöchste Schreiben gewollt, möge durch dessen Aufnahme in dem gegenwärtigen, allen Theilnehmern zukommenden Bericht gütigst als vollzogen erachtet werden.

Nachdem die Versammlung Sr. Majestät des Königs gedacht hatte, wollte dieselbe keineswegs einer bloßen Gewohnheit huldigen, sondern ihre innige Verehrung ausdrücken gegen diejenige, von welcher die Nationalhymne so treffend sagt:

„Heil Dir, Maria, Heil,
Der Frauen Krone, Heil!"

und gegen die übrigen Glieder der bayerischen Herrscherfamilie, wenn sie mit Begeisterung einstimmte in den Ruf des Herrn Obersten, Grafen zu Pappenheim:

„Ihre Majestät die Königin-Mutter und das ganze durchlauchtigste königliche Haus leben hoch!"

Hatten so die versammelten Studiengenossen ihrer loyalen Gesinnung Ausdruck verliehen, so geziemte es sich wohl, dankbar zu gedenken derjenigen, welche den Dillinger Studienanstalten vor Jahrhunderten ihr Dasein gegeben in langer Reihenfolge sodann für die Förderung derselben eifrigst bedacht waren und in der Gegenwart ihnen mit besonderer Huld zugethan sind, — der hochwürdigsten Bischöfe von Augsburg.

Der in den Tagen des Festes zum b. geistlichen Rathe ernannte k. Lyceal-Professor, Comité-Mitglied, Hr. M. Merkle that es, indem er sprach:

Meine Herren!

Wenn wir bei dem heutigen Feste jener Männer gedenken, die sich um unsere Studienanstalten besonders verdient gemacht haben, so finden wir in erster Reihe die Bischöfe von Augsburg. Durch den großen Fürstbischof und Cardinal Otto wurde Dillingen die „gloria Suevorum, musis aptissima sedes." Fürstbischof Heinrich von Knörringen stand seinem ruhmreichen Vorgänger mit Rücksicht auf seine Verdienste um die hiesigen Studienanstalten ebenbürtig zur Seite. Unter Fürstbischof Christoph von Freiberg ward das gegenwärtige Lyceum mit seinem goldenen Saale, unter Fürstbischof Alexander Sigismund das Gymnasium erbaut.

Was so die einen gegründet, das haben die andern von den Bischöfen Augsburgs mit sorgender Vaterliebe gepflegt und beschützt. Wohl sind die Bischöfe von Augsburg seit dem Beginne dieses Jahrhunderts nicht mehr die Herren der Stadt Dillingen; aber sie haben von ihren Vorfahren die Liebe zu unseren Studienanstalten geerbt. So der hochselige Bischof Petrus, der Mann der Felsenfestigkeit, und der That=
kraft. So auch unser gegenwärtige Oberhirte. Sein Cleri=
kalseminar dahier lag ihm stets vor Allem am Herzen. Durch seine Güte wurden schon mehreren Candidaten der Theologie Stipendiumsbeiträge vermittelt; er ist es, der in eben die=
sem Jahre in hiesiger Stadt einen neuen Bau zu Zwecken des Knabenseminars aufführen ließ; er ist es auch, an dem die Professoren und Studirenden der hiesigen Anstalten stets einen väterlichen Freund und Gönner gefunden haben. Sie werden mir daher, meine Herren, beistimmen, wenn ich Sie zu dem Rufe einlade: Unser hochwürdigste Bischof Pan=
kratius, der allverehrte, der in Liebe unermüdete, der be=
sondere Gönner unserer Studienanstalten lebe hoch!

Und in wessen Herz hätten diese Worte nicht Wider=
hall finden, wessen Stimme nicht kräftig miteinstimmen sol=
len in diesen dem geliebten Oberhirten gebrachten Toast?

Kaum aber war derselbe verklungen, so sah sich Herr Bürgermeister Th. Hüeber als Vertreter der Stadt ge=
drungen, der versammelten Studiengenossen zu gedenken:

Meine Herren!

Dieses schöne Erinnerungsfest soll unsern Nachkommen ein würdiges Bild geistigen Lebens und Strebens sein.

Möge Gott Sie alle dem Staate, der Kirche und der Gesammtbevölkerung noch lange erhalten.

Nehmen Sie aus gerührtem Herzen den Dank für Ihre hohe Anwesenheit in unserer Stadt hin.

Ich bringe allen Studiengenossen Dillingens ein ju=
belndes Hoch.

Sie alle leben Hoch!

Hatten die bisherigen Toaste bei dem Festmahle sich auf Persönlichkeiten bezogen, so verstand es der für die Zeit der Abwesenheit des k. Bezirksamtmanns, Hrn. Regierungsrath Girisch, aufgestellte Amtsverweser, Herr Assessor Rudolph von Schneeweiß, der Reihe derselben einen abrundenden Abschluß dadurch zu geben, daß er in folgenden Worten einer Idee einen Trinkspruch weihte:

Meine Herren!

Ich ergreife das Wort, um Namens der als Gäste geladenen Nicht-Studiengenossen mit dem Danke für die uns zugegangene Einladung die aufrichtigste Freude über das Zustandekommen des Festes auszusprechen, welches nicht blos Bedeutung hat für die betheiligten Studiengenossen, für die hiesige Stadt und Anstalt, sondern zugleich Zeugniß gibt, wie sehr die Wissenschaft in unserem Vaterlande geehrt und hochgehalten wird.

Denn sie ist es, welcher wir das gegenwärtige Zusammensein verdanken, die Quelle aus der wir alle geschöpft, die uns mit den edelsten Gütern bereichert und unsere Lebensstellung erschlossen hat.

Meine Herren! es ist kein Wagniß zu behaupten, daß sich keine Nation so sehr wie die deutsche durch gründliches Forschen um die Lösung der höchsten Probleme verdient gemacht hat, daß keine Nation so sehr wie die deutsche in ihrem ganzen Wesen unter dem Protektorate edelsinniger Fürsten das Streben nach geistiger Vervollkommnung und nach richtiger Erkenntniß der einzigen ewigen Wahrheit kultivirt hat, — und so kam es, daß das gesammte Ausland die riesigen Schöpfungen deutschen Genies auf allen Gebieten des Wissens staunend und bewundernd anzuerkennen gezwungen ist.

Mit berechtigtem Stolze dürfen wir bekennen: Auch wir sind ein Theil dieser großen achtunggebietenden Nation, auch wir wollen in unserer Sphäre nach Kräften mitschaffen an dem großen Werke geistiger und sittlicher Veredelung, getreu den Grundsätzen, welche uns durch verehrte Lehrer und Vorbilder in unserer Jugend langsam eingepflanzt wurden, und welche wir aus den beschränkten Mauern der Lehranstalt übergetragen haben in das bewegte Treiben des öffentlichen Lebens.

Dieser Gesichtspunkt ist es, meine Herren, der, wie mir scheint, dem gegenwärtigen Fest vor so manchem anderen Feste, das heutzutage in deutschen Gauen gefeiert wird, einen besonders erhabenen Charakter verleiht.

Ein wahrhaft nationales Band fürwahr, welches uns Alle, wie wir hier versammelt sind, trotz unserer verschiedenen Lebenswege innig verbindet, es ist die deutsche Bildung und Gesittung, es ist die deutsche Wissenschaft und ihr bringe ich ein Hoch!

Damit hatte sich die Dinézeit zu Ende geneigt. Die Kritik begann ihr Werk und dem Berichterstatter ist nicht unbekannt geblieben, welch verschiedene Beurtheilungen das Festmahl gefunden.

Erwägt man die oben angeführten Schwierigkeiten, unter welchen das Diné zubereitet werden mußte, die vermehrte Zahl der Theilnehmer und die Mannigfaltigkeit des an solch große Dimensionen nicht gewöhnten Dienstpersonals, so wird man geneigt sein, das eine oder andere Unvollkommene zu entschuldigen, mit dem Lichte auch den Schatten hinzunehmen und schließlich anerkennen, daß es von Seite des H. A. Ruf immerhin ein großes Unternehmen war, die Ausspeisung der Studiengenossen im Festlokale zu besorgen, ein Unternehmen, das kein zweiter Gastwirth in Dillingen gewagt hätte.

Bei Anordnung des Diné's hatte das Comité die Absicht, dafür zu sorgen, daß die Altersgenossen sich zusammenfinden konnten. Deßhalb waren die Tischreihen numerirt und auf den bezüglichen Karten die betreffende Nummer, an welcher der Inhaber seinen Platz erhalten sollte, angezeigt. Allein theils dadurch, daß viele Herren kamen, die

sich nicht vorher angemeldet und durch den Umstand, daß
die genannten Nummern nicht in alleweg die gehörige Be=
achtung fanden, wurde die strikte Durchführung des erwähnten
Planes vereitelt. Immerhin aber darf man sagen, daß die
gewiß im Interesse der Theilnehmer gelegene Absicht im All=
gemeinen erreicht wurde. Die ehedem in den Jahren ihrer
Heranbildung für das praktische Leben zusammen ihre Tage
verbrachten, fanden sich auch hier zusammen. Daher möchte
es am Platze sein, die von einzelnen Festtheilnehmern
zunächst ihren Altersgenossen geweihten „Gedenkblätter"
an dieser Stelle einzufügen.

„Senectuti honos", daher möge den ersten Platz ein=
nehmen ein „Elogium chronologicum, quod excussit phi-
losophiae ac artium liberalium Baccalaureus octogena-
rius Ioannes Ev. Mayr, Dilinganus, parochus lib. re-
sign., p. t. primissarius in Illereichen."

TVRBA AVITA, VOVENS LAVRISQVE, TVAS
PETIT AVLAS
NVTRIRA AVSPICIIS, ALMA DILINGA, TVIS.

Klein wohl war die „avita turba," wenn man zu ihr
jene rechnet, welche noch im vorigen Jahrhundert in dieses
Leben eingetreten; aber um so größer, um so inniger ihre
Freude. War auch der Senior der in Dillingen anwesenden
Studiengenossen, der freiresignirte Pfarrkurat, Herr Lorenz
Hurler, so gebrechlich, daß er nicht als Festtheilnehmer
erscheinen konnte, und hat auch bei anderen das Alter schon
tiefe Spuren eingeprägt, so konnte man doch in der „avita
turba" noch viel Rüstigkeit und Kraft wahrnehmen und es
gehörte zu den erhebenden Momenten des Festes auf den
ehrwürdig greisen Antlitzen edle Herzensgüte und eine in
den Stürmen des Lebens erhaltene oder besser gesagt errungene
Ruhe des Gemüthes sich spiegeln zu sehen.

Ausgedehnter war der Kreis derjenigen, welchen Herr
Dr. Karl Demleuthner, kgl. Bezirksarzt in Höchstädt
folgende „Erinnerung" gewidmet hat:

Stadt, wie prangst Du im Schmuck bis hinauf zu den ragenden
                 Gipfeln!
Gleich einem festlichen Dom nimmst die Genossen Du auf.
Hunderte zogen heran, sich noch einmal zu grüßen im Leben,
 Dessen veredelter Zweig hier in der Schule geblüht.
Was sie zusammen erlebt, wer kann's in der Mappe verzeichnen?
 D'raus nur ein einziges Blatt will ich enthüllen vor Euch. —
Singe mir, Muse, den Kreis von gewissenhaft waltenden Männern
 Auf weitläufiger Bahn, der ich so gerne gefolgt.
Hohen Gewinn uns gruben sie aus in dem Schachte des Wissens:
 Classisches Edelgestein, göttlicher Dinge Gesetz.
Vieles wohl haben sie auch im Gemüthe erduldet, die Guten,
 Weil sie den schwierigen Klotz schufen zum edlen Gebild.
D'rum, Helikanische! soll mich erfreu'n der Gedanke der Jugend,
 Bringt vor die Seele sie mir, daß ich sie schaue wie einst!"

„Sage mir, Schreck, wer wandelt daher gravitätischen Schrittes,
 Aengstlich dem Schatten entlang, trocknend vom Schweiße die
                 Stirn?
Niesenböck ist's, — mein Freund; der lenkte mit ruhigem Stabe
 Zweimal unsere Schaar, bietend verdauliche Kost;
Anfangs reichte er uns nur Milch vom kleineren Bröder
 Wenige Jahre darauf setzt' er den Kurtius vor.
Denkst Du der Schule, worin auf glühenden Kohlen wir saßen,
 (Niesenböck selber, wir sahn's, trommelte leis' mit der Hand)
Als mit den Tönen des Fells, beim Schalle der munteren Hörner
 Siegreich zogen daher Krieger verschiedenen Stamms:
Austria's Helden im Sprachengewirr, und die Söhne des Nordens?
 Als vom Getöse erbebt schwerer Geschütze der Weg?
Damals merzten wir aus in dem Buche den gallischen Kaiser —
 Jetzt auf schwankendem Thron — glänzet des Neffen Geschick."

„Siehst Du den Mann, o Weiß, mit gepudertem Haare, der ernst-
                 haft,
 Aber doch zierlichen Ganges auswärts drehet den Fuß?
Silpius ist er genannt, der sich oft gar bitter geärgert,
 Wann ihm die Rede erstickt unter dem bübischen Lärm.
Niemals wollt' er sich schwingen zu höheren Stufen des Lehramts,
 Glücklich im Reiche der Kunst, der sich Apelles geweiht.
Denkst Du der Stunden, o Freund, wann fröhlich die Klasse gepil-
                 gert
 Weit über Land und Gefild unter des Lehrers Geleit;

Wo wir, vom Zwange befreit, uns tummelten, Spiele versuchten,
Emsiges Wechselgespräch, würzte den flüchtigen Tag?
Als nun auch die Begierde nach Trank und Speise gestillt war,
Kehrte erfrischt man zurück wieder zur freundlichen Stadt."

„Guggemos kennst Du zu gut, mein Wolf, Lehrjungen des
　　　　　　　　　　　　　　　　　　　　Meisters
Wurden wir zweimal auch, freudig begrüßten wir ihn.
Denn er lehrte zuerst uns kennen die griechischen Laute,
Livius dann und Horaz, Männer unsterblichen Ruhmes.
Trefflich verstand er das trockene Wort durch Geist zu beleben
Gerne gesprächig, dabei freundlich dem Schüler geneigt."

„Kugler, verkünde, was hältst Du vom Mann' mit dem Adler=
　　　　　　　　　　　　　　　　　　　　gesichte?
Tief in der Stirne den Hut, schreitet er sinnend daher.
Der mit gewaltiger Hand von dem hohen Katheder geherrschet,
Gegen die Störrigen ließ „platzen" der Zunge Geschoß?
Freund, er weckte die Kraft in des Jünglings wackerem Busen
Durch sein feuriges Wort und das vergönnete Lob.
Keiner bereicherte uns mit der treuen Gefährtin des Lebens
Schätzen und glänzendem Bau, unserer Sprache, wie er."

„Noch wird schweben vor Dir, o Röger, des herrlichen Mannes,
Hochehrwürdiges Bild, nimmer der Name vergeh'n,
Weil er so Vieles und treu in dem Wechsel des Amtes „geschlichtet,"
Stets nur zum Frommen für uns, immer zur Ehre des Herrn.
Hell noch klingen im Ohr die homerischen Verse, begeistert
Trug er im wogenden Fluß blühender Rede sie vor."

„Unvergeßlich, o Baur, wird sicher Dir bleiben der Rektor;
Anzieh'n straffer vielleicht hätt' er die Zügel gesollt.
Doch von Euterpe geliebt und Thalia, den holden Camönen
Hatte sein gutes Gemüth Liebe geerntet von uns.
Herrliche Feier am Schluße des Jahr's, wo das Drama wir spielten,
D'rauf von der Bühne mit Stolz unsere Preise geholt!"

„Büschel, Du weihest den Blick an der Fronte des hohen Ge=
　　　　　　　　　　　　　　　　　　　　bäudes,
Wo Dich die höhere Weih' menschlichen Wissens beglückt;
Glaubst zu vernehmen im Saal platonische Sätze der Weisheit,
Nüßleins edle Gestalt glaubst Du im Geiste zu seh'n!
Wiederum sollt' er Dir lesen im Buche unsterblicher Weisen,

Das er mit künstlichem Bau eig'ner Gedanken geschmückt!
Dort entschleierte auch die verborgenen Kräfte des Weltalls
A y m o l b s schönes Talent, hoher gebildeter Sinn."
Alle nun ruhen sie längst in dem Schooße der nährenden Erde,
Gleichwie an Wissen, so auch eilend an Alter voran:
Denn Du selbst, mein K o l b , anmuthige Blume des Curses,
Wurdest im Frühlingsschmuck dieblich vom Tode gepflückt!
Aber wir Lebenden sind ohnmächtig, für himmlische Gaben
Je zu bezahlen die Schuld; redlich bekennet sie stets,
Wen der Natur und Gottes Gesetz nebst klassischer Weisheit,
Und castalischen Quells ewiges Rauschen erfreut.

„D i l l i n g e n, sei mir gegrüßt! Auf deinem gesegneten Boden
Sprudelt noch immer der Born süßer Erinnerung fort.
Bleibe im göttlichen Schutz! — Denn unter den schwäbischen Städten —
Trotz nebulae, nix, nex — bist die geringste Du nicht!" —

Herr Benefiziat B a u t e n b a c h e r in G ü n z b u r g, welcher im Jahre 1833 seine Studien beendet, hat ein schönes Blatt aus dem Englischen des Amerikaners H. W. Longfellow gepflückt, es ins Deutsche übertragen und bereits seinen Freunden und Bekannten in einer Anzahl von Exemplaren mitgetheilt. Dasselbe verdient auch hier sammt seinem Motto eine Stelle.

Motto:
Ihr, die hier in Jugend-Tagen
Studium und Herz geeint —:
„Diese Stimme" mög' euch sagen,
Was mit „diesem Blatt" gemeint
Der, der es als Freundschaftszeichen
Euch zum Abschied wollte reichen.

Die alte Uhr auf der Stiege.

Etwas zurück', wo die Dorfstraß' geht
Der altehrwürdige Landsitz steht;
Ueber dessen düsterem Säulengang
Der Schatten der schlanken Pappeln sich schwang.

Dort, von ihrer Stell' in der Vorplatz-Hall',
Sagt allen der alten Schloßuhr Schall:
„Für immer, nimmer!
Nimmer, für immer!"

Halbwegs auf der Stiege, da ist ihr Stand,
Und sie zeigt und winkt mit eherner Hand
Aus ihrem maßigen Eichen-Schrein
Wie ein Mönch, gehüllt in den Mantel ein,
Der sich kreuzend, spricht mit Seufzen und Weh'n
Zu allen, die da vorüber geh'n:
„Für immer, nimmer!
Nimmer, für immer!"

Bei Tag ist ihr Gang nur leis' und sacht', —
Jedoch im todten Schweigen der Nacht
Sehr laut, wie gespenstiger Fußtrittfall,
Der im leeren Saal weckt den Widerhall.
Die Gäng' entlang und vor jeder Thür'
Da scheint sie zu sagen für und für:
„Für immer, nimmer!
Nimmer, für immer!"

Durch Tage voll Leid's — wie durch Freudengelag'
Durch Sterbens- sowie durch Gebärens-Tag' —
Durch jeglichen Wechsel sie wechsellos stand
Durch die wechselnde Zeit an der grauen Wand;
Und wie ein Gott, der alles sieht,
Wiederholt sich das schaurige Wort dem Gemüth':
„Für immer, nimmer!
Nimmer, für immer!".

In dem Schlosse da herrschte die Gastlichkeit
Freiherzig, freispendend zu aller Zeit;
Es flackerte stets das Feu'r auf dem Herd'
Und der Fremdling ward immer bewirthet, geehrt;
Doch, wie ein Gerippe, bei jedem Fest
Die Uhr die Warnung vernehmen läßt:
„Für immer, nimmer!
Nimmer, für immer!"

Vor ihr spielten die Kinder mit lustigem Tand',
Vor ihr träumend manch Junker und Fräulein stand:

„O köſtliche Stunden, o Jugend-Zeit —
„O Wonne der Liebe, o ſüßes Heut!"
Doch — wie ein Geizhals zählet ſein Gold —
Die Uhr auch dieſe Stunden verrollt:
: „Für immer, nimmer!
: Nimmer, für immer!"

Aus dieſem Gemache in Lilien-Pracht
Geht hervor die Braut in der Hochzeits-Nacht;
Dort unten im Zimmer da lag — o weh!
Ein Todter, gehüllt in Linnen wie Schnee!
Und durch das Schluchzen, das folgt dem Gebet'
Hört man wie die Uhr auf der Stiege geht:
: „Für immer, nimmer!
: Nimmer, für immer!"

Nun ſind alle zerſtreuet durch Will' oder Noth, —
Die einen vermählet, die anderen — todt!
Und wenn ich frage in Wehmuth und Pein:
Wann werden ſie wieder vereinet ſein
Wie in den Tagen, die längſt dahin?
Antwortet die Uhr mit tiefem Sinn:
: „Für immer, nimmer!
: Nimmer, für immer!"

Wohl „nimmer" hier — „für immer" dort
Wo Scheiden und Leiden und Sorgen ſind fort;
Wo kein Tod und keine Zeit mehr wird ſein;
„Für immer dort!" hier „nimmer" — o nein!
Die Uhr der hehren Ewigkeit
Spricht ohn' Ermüden alle Zeit:
: „Für immer, nimmer!
: Nimmer, für immer!

Von der mittleren Zeit, d. h. von jenen, die von den dreißiger bis in die fünfziger Jahre die hieſigen Anſtalten beſuchten, vermögen wir kein Blatt zu bieten, aber mit jugendlich-poetiſchem Schwunge hat Herr Candidat Otto Demleuthner von Höchſtädt in die Leyer gegriffen und ſendet

Nachtklänge:
Warum so früh mich wecken aus den Träumen,
Die gold'ner Bilder Wonne mir entfalten?
Verscheuchen mir die lieblichen Gestalten,
An deren Brust ich ewig möchte träumen?

In hehrer Feier lichtumkränzten Räumen
Umwogte mich der Freude süßes Walten,
Ein neuer Geist gebar sich aus dem alten
In munterer Becher blühendhellem Schäumen.

Ich sog der Jugend Kraft vom Freundesmunde,
Das Auge strahlte himmlisches Entzücken,
Und neues Leben brachte jede Stunde.

Dem Zauber mußte sich der Leib entrücken,
Doch sollst, Du Seel', in seinem ew'gen Bunde.
Mit Frühlingsduft des Lebens Winter schmücken!

Der Abend des Hauptfesttages kam; die heitere festliche Stimmung aber brauchte nicht erst zu kommen, sie war als ein Erbstück des Nachmittags von selbst auf den Abend übergegangen. Die Töne der Musik accompagnirten derselben. Selbstverständlich konnte es auch da an Rednern nicht fehlen. Aus der Fülle des Herzens entströmten manche Worte. Leider war es aber bei der großen Gemüthlichkeit dem Herrn Zeichnungslehrer Schöner, welcher es gütig übernommen hatte, im Amte eines Feststenographen zu walten, nicht möglich, dieselben zu scizziren. Ich vermag darum nicht mitzutheilen, wie Hr. Dr. Steible, Advokat aus Würzburg, die Verdienste des Herrn Obersten Grafen zu Pappenheim um das Zustandekommen des Festes in einem herrlichen Toast gefeiert, wie Herr geistlicher Rath Zanker aus Krumbach und Herr Kircher, Missionspriester aus Amerika ihren Gefühlen Ausdruck gegeben. Dagegen steht mir zu Gebot der mit innigster Zustimmung aufgenommene Toast des Herrn Stadtpfarrers Wolf aus Neu-Ulm.

Meine Herren!

Als ich heute früh durch die Straßen der Stadt Dillingen wandelte, fiel mir das Wort der Schrift ein; "Multae filiae congregaverunt divitias, tu supergressa es universas." — Viele Töchterstädte des Bayerlandes haben in ihrem Reichthum geglänzt als sie ihren Söhnen beim Musenfeste einen Willkomm bereiteten; Du aber, Dillingen, hast sie Alle übertroffen.

Meine Herren! wundern wir uns nicht über diesen festlichen Schmuck, über diesen herzlichen Empfang! Dieses Alles ist nur die alte Liebe der Dillinger in neuer Weise. Denn meine Herren, wir wissen es allzuwohl wie es einst war:

"Die Bürger dieser Stadt waren uns Väter; — die "Frauen dieser Bürger — unsere Mütter; wir waren "die Kinder ihres Hauses."

Meine Herren! Nehmen wir keinen Anstand, es laut auszusprechen:

Diese edlen Bewohner der kleinen Stadt Dillingen haben manchem von uns — auch ich habe deren Wohlthat genossen — durch materielle Beihilfe es möglich gemacht sein Ziel zu erreichen.

Heute, meine Herren! drücken wir ihnen dankbaren Herzens die Hand, heute ist durch die Verhältnisse in denen wir uns gemeinsam befinden unsere Festfreude eine getheilte, eine doppelte!

Meine Herren! nicht wahr? Sie Alle stimmen mir bei, wenn ich aus tiefstem Herzensgrunde rufe:

"Auf die Wohlthätigkeit der Stadt Dillingen ein tausendstimmiges Hoch!!!

Ja, den Wohlthätern der studirenden Jugend Heil und Segen! Berichterstatter hat nur die als praktische theologische Ausbildung geltenden Seminarjahre in Dillingen zugebracht und vordem diese Stadt nur dem Namen nach gekannt, aber während der erwähnten Seminarzeit vieles von dem in derselben herrschenden wohlthätigen Sinne gehört und seitdem in fast einem Decennium sich mannigfach selbst davon überzeugt. Von einer Generation wohl hat sich dieser Sinn auf die andere vererbt. Die Töchter haben es von den Müttern gelernt, wie man in der Haushaltung oder an sich selbst einen Bissen — eine Portion — erspart und einem dürftigen Studenten einen Kosttag reicht; die Söhne haben wie die Väter gerne ihren Mittagstisch mit einem armen Musensohne getheilt. So wurde es dem einem oder dem andern talentvollen aber mittellosen Studenten möglich, sein Ziel zu erreichen und gewiß Mancher ist zum Studiengenossenfeste gekommen aus Dankbarkeit und hat erst nach langem Fragen das Antlitz wieder erkannt, das einst mit freundlichem Blicke die Gabe begleitet und hätte gern mit einer Thräne befeuchtet die Hand, die liebevoll sie ihm gereicht, und süßes Bewußtsein hat beide erfüllet — Geber und Empfänger. Möge sich an allen Wohlthätern der Studirenden erfüllen: „Wer dem Armen gibt, dem wird an Nichts mangeln." Ps. 40. „Wer reichlich säet, der wird auch reichlich ernten." 2 Cor.

Durch die dankbare Erwähnung der Wohlthätigkeit Dillingens scheinen die Gedanken auf die Frauen geleitet worden zu sein; denn Herr Rentbeamte L. Mayer von Lautingen erhob bald darauf seine Stimme und sprach mit gewohntem Humor:

Hochverehrte Studiengenossen, theure Freunde!

Wenn ich es wage, Ihre Aufmerksamkeit einige Minuten in Anspruch zu nehmen, so bitte ich Sie vor Allem, von mir keine nach den Gesetzen der Rhetorik construirte, beim Mondenschein überdachte und bei mattem Lampenlicht zu Papier gebrachte Rede zu erwarten.

Allerdings betrat ich heute Morgens diese festlich geschmückte Halle mit einer wohlvorbereiteten Rede, allein ich bin ein Pechvogel und diese schöne Rede hat mir ein Wolf entrissen*) Es ist aber hinlänglich bekannt, daß, wenn 2 Deutsche zusammenkommen, einer hievon eine Rede hält, und namentlich ich gehöre zu Jenen, welche ihrer losen Zunge freien Lauf lassen.

So lassen sie mich denn schwätzen, wie mir der Schnabel gewachsen; seien sie dagegen überzeugt, daß es so recht wahr und innig aus meinem warmen Herzen kommt.

Unparteiische Kritiker nennen das Männergeschlecht „egoistisch". Ich vermag diesem Urtheile nicht gänzlich zu widersprechen. Sie haben heute so schöne, herzlich innige, anerkennungsvolle Toaste gehört, denen ich freudig zugestimmt. Doch, wem galten sie?

Männern, Männern, nur den Männern!

Ist es nicht ausgeprägter Egoismus, nur an sein eigenes Geschlecht zu denken? Hatte er vielleicht Unrecht, der herrliche Lieblingsdichter des deutschen Volkes, als er sang:

„Die lieblichen Frauen! Sie flechten und weben
„Himmlische Rosen in's irdische Leben."

Ich stimme ein in dieses Lob aus vollem Herzen, erachte aber gegenüber der großen Mehrzahl der Festtheilnehmer eine captatio benevolentiae nicht am unrechten Platze.

Ihr Männer der Soutane, wem verdankt ihr denn euer Dasein? Den Frauen! Ob zugestanden oder nicht, ich glaube doch, ihr verargt es den Männern der Toga nicht, daß sie das Frauenlob singen. Daß ich den Frauen hold bin, wolle Keiner bezweifeln, denn er läuft Gefahr, sofort durch 7 lebende Zeugen eines andern belehrt zu werden.

Die Frauen sind es, die uns unter ihrem liebe- und kummervollen Herzen getragen, mit unendlicher Sorge gepflegt vom frühen Morgen bis zum späten Abend, und ewig unvergeßlich klingen die lieblichen Worte mir nach:

---

*) Redner beabsichtigte Abends bei Anwesenheit der Bürgerschaft den Wohlthätern der Studenten den wohlverdienten Dank auszusprechen. Allein Herr Stadtpfarrer Wolf aus Neu-Ulm kam ihm zuvor.

„Schlummre mein Söhnlein! schlummre nur zu!
Gott schenk' dir süße, erquickliche Ruh!
Schlummre, bis heiter der Tag wieder lacht.
Treu' Mutterliebe ihr Kinblein bewacht!"

Namentlich aber die Musensöhne haben den Frauen viel, sehr viel zu danken.

Läugnen wir es nicht, die Studenten sind in der Regel levis, nicht selten levioris animi. Ja, meine Herren, wenn Einer von Ihnen sich versucht fühlt, in dieser Hinsicht mir den Superlativ in's Angesicht zu schleudern, wahrlich läuft er keine Gefahr, daß ich dieserhalb einen Staatsanwalt, und wäre es auch der gewiegteste, mit einer Ehrenkränkungsklage in Thätigkeit versetzen würde, denn selbst eine „Böll'sche Vertheidigungsrede wäre nicht im Stande, den „Rothen"*) weiß zu waschen.

Wie viele tollen Streiche haben wir begangen, und wer half uns so oft aus der Patsche? Die gute Mutter oder die brave Hausfrau!

Meine Herren! Die Naturgeschichte lehrt uns, daß die Sonne in keiner Zone allein im Stande ist, das Gedeihen der Pflanzen zu bewirken. Diese können nicht entbehren den befeuchtenden Thau, den erquickenden Frühlingsregen. Diesen Lehrsatz der Botanik übertrugen wir auf die Zoologie, leider mit dem einzigen Unterschiede, daß nicht selten Frühlingsregen und Thau durch wahre Platzregen ersetzt wurden.

Wenn dann andern Tages die hohe Statutenüberwachungs-Commission ihr spähendes Vollzugsorgan dem „Burschen" ins Haus schickte, wer meldete dann mit der Theetasse in der Hand dem ungestümen Fragesteller die plötz-

---

*) Diesen Studentennamen verdankt der Redner seiner mehr englisch- als deutschfarbigen sommer- und wintergleichen natürlichen Kopfbedeckung.

liche Erkrankung des fleißigen Studiosen? Wiederum die sorgsame Hausfrau.

Aber auch im Ernst des Lebens rankt das deutsche Weib nicht blos als zarte Blume an uns empor, nein, nein, es wird das Weib gar oft die Stütze des stärkeren Geschlechtes.

Wenn der Mann, gebeugt von den Widerwärtigkeiten des Berufes, niedergedrückt von geknickten Hoffnungen und getäuschten Erwartungen, kummervoll und unmuthig heimkehrt an den häuslichen Herd und in den Kreis seiner Lieben, schaut liebevoll das treue Weib mit hellem Blick in unsere Seele, erkennt den Schmerz in der Mannesbrust, und gießt mit tiefsinnigem Gefühle des Trostes Balsam in des Mannes Herz und stärkt seinen Muth zum neuen Kampfe.

Und dieser Frauen sollen wir vergessen?

O nein! Darum auf ihr Freunde, greift zum Pokal, und rufet aus voller Kehle und warmer Brust, daß tausendfach es wiederhalle im deutschen Lande:
Die deutschen Frauen leben hoch! und nochmal hoch! und dreifach hoch!"

Nachdem die Reden geschlossen schienen, übrigte für diesen Tag nur noch der Abwesenden zu gedenken, derjenigen insbesondere, welche auf die an sie ergangenen Einladungen dem Comité Nachricht gaben und ihr Bedauern ausdrückten, daß sie am Feste theilzunehmen aus diesen oder jenen Gründen nicht in der Lage seien.

Berichterstatter, mit diesem Geschäfte beauftragt, nannte zuerst den Namen Hermann v. Vicari und die Nennung dieses Namens rief einen begeisterten Zuruf hervor. So gerne hätte man den greisen, thatkräftigen, hochverehrten hochwürdigsten Oberhirten, welcher einst in Dillingen in beiden Rechten promovirte, unter den Festtheilnehmern gesehen; aber er hatte geschrieben: „Ich bedauere mit Rücksicht auf mein hohes Alter, welches die Theilnahme an solchen Festlichkeiten mir nicht gestattet, der gütigen Einladung nicht

5

Folge leisten zu können"; babei jedoch versprochen, "im Geiste dem schönen Feste beiwohnen und um die Fülle des göttlichen Segens für alle Theilnehmer flehen zu wollen," sich selbst in das fromme Andenken aller empfehlend.

Ein stürmisches Hoch folgte dieser Nachricht und der einmüthige Beschluß, dem Hochwürdigsten, Hochverehrtesten Hrn. Erzbischofe davon Nachricht zu geben, was mit Berücksichtigung der damaligen Abwesenheit Sr. Excellenz von der erzbischöflichen Residenz auch geschah.

Die Herren M. Bratsch, J. Kinzelmann und A. Walbvogel, die sich damals in der Wasserheilanstalt Buchenthal in der Schweiz aufhielten, telegraphirten von daher "Zum Wasser verurtheilt, senden wir allen bekannten Festgenossen herzliche Grüße;" und die k. Postassistenten Herren Reinauer und Langenwalter in Memmingen meldeten gleichfalls telegraphisch "am Feste theilzunehmen verhindert, grüßen wir sämmtliche Besucher und wünschen vergnügte Tage." Ein hundertstimmiges "Bravo" war die Antwort auf diese Telegramme und drückte den Dank aus für die freundliche Aufmerksamkeit.

Was einzelne andere Herren dann uns Liebes und Schönes geschrieben und wie sie ihre Altersgenossen zu grüßen uns aufgetragen, dieß Alles vorzutragen, schien den Umständen nicht angemessen. Außer Anführung der Namen konnte nur Weniges noch gelesen werden, wie dennauch hier nur einige ausgewählte Sätze sich zu einem kleinen Bilde gestalten mögen.

"Ich begrüße die herrliche Idee, auch den ehemaligen Musensöhnen des freundlichen werthen Dillingen ein Fest des Zusammenfindens, der Auffrischung froher Erinnerungen, der Erneuerung alter, der Anknüpfung neuer Freundschaftsbande, des Gedenkens hochverehrter Lehrer zu veranstalten, mit vollster Beistimmung und freudigster Theilnahme." (A. Joachim, Priester in Augsburg.)

Ich begrüße ein Fest, "bei welchem ich noch hetmatliche Gespielen aus meiner in der lieben Vaterstadt genossenen Schulzeit vom Jahre 1808 bis 1813, aber wohl nicht mehr viele an der Zahl, treffen, mit denselben in unserm vorgerückten Alter den damals bestandenen kindlichen Bund erneuern könnte." (J. Clessin, Oberst im k. b. Geniestab).

„Noch sind mir die Studienjahre von 1820—1822, die ich in Dillingen zubrachte, unvergeßlich und noch unvergeßlicher die Erinnerung an die hochverehrten Lehrer, insbesondere an die Direktoren Weber und Nüßlein, denen ich ewig Dank schulde." (Silvester Kotz, Münsterpfarrer in Constanz.)

„Die Namen Guggemoos und Schilp, bei denen ich wohnte, Röckel, der mein Lehrer in der ersten Klasse war, Gerhauser, den ich als Knabe in Guggemoos Hause öfter mit Verehrung sah, Nüßlein, der mir viel Freundlichkeit bewies, Weber und Schlichting, denen ich bekannt zu werden das Vergnügen hatte, leben bei mir noch in dankbarem Andenken." (Bloest, pr. Pfarrer in Augsburg.)

„Mit großer Freude erinnere ich mich der in Dillingen verlebten Jahre 1826—1830, des damaligen schönen kollegialen Zusammenwirkens der Professoren, des allgemeinen geselligen harmonischen Lebens, das zu jener Zeit in Dillingen herrschte, sowie des gemütlichen Anschließens der Studirenden an ihre Lehrer." (Dr. J. Wandner, q. k. Lyceal-Prof. u. Rektor in Regensburg.)

„Wenn ich darum ungehindert dem Drange meines Herzens folgen könnte, so wäre ich einer der ersten und freudigsten Theilnehmer an diesem Feste, indem ich nicht nur als Studio, sondern auch als Professor ein uralter Dillinger bin, und würde eine ganz besondere Freude darin finden, manchen Genossen, dem ich als mulligen Milchgesichte den letzten Handschlag gegeben habe, nun als grauen Bartmann wiederzusehen." (Dr. Attensperger, q. k. Professor in Würzburg.)

Allein „so viel Vergnügen ich mir von der Zusammenkunft alter Jugendfreunde nach so langer Zeit und nach einem Verleben der verschiedensten Beziehungen Einzelner auch verspreche;" (Ed. v. Hößle, General-Post-Directions-Revisor;)

„so gerne ich vor dem Ende meines Lebens noch manche von jenen Männern der verschiedensten Chargen und Kategorien getroffen und gesprochen hätte, welche sich vor mehr als vierzig Jahren mit mir gemeinschaftlich an den Anstalten Dillingens für das öffentliche Leben in Staat und Kirche vorbereitet haben;" (M. Kling, Pfarrer in Egg);

„so gerne ich an dieser schönen Festfeier in einer Stadt, in welcher ich die ersten sieben Jahre meiner definitiven Amtsthätigkeit in angenehmster Weise verlebt habe, mich betheiligen, und so sehr es mich freuen würde, bei dieser Gelegenheit so manchem alten Schüler, welcher mir noch ein freundliches Gedenken bewahrt hat, als jetzt in Amt und Ehren stehendem Manne wieder zu begegnen und alte Erinnerungen aufzufrischen"; (Dr. Hoffmann, Rektor in Passau),

„so muß ich doch leider diesen seltenen und frohen Genuß persönlicher Theilnahme an der Liebe und Freundschaft einer so hochgeehrten Versammlung entbehren." (X. Schertel, Benef. in Mering.).

„Ich kann nur schriftlich allen Freunden und Studiengenossen aus älterer und neuerer Zeit meinen herzlichen Gruß senden.

Viele, recht viele Besucher werden sich mit mir erinnern, wie liebevoll und zuvorkommend die kleine Stadt Dillingen von jeher die Studirenden aufnahm und behandelte. Ja, gar viele dürftige Schüler fanden theilweise ihren Unterhalt unter allen Klassen der Einwohner, und Bürger wetteiferten untereinander, Studierenden durch Unterstützungen aller Art unter die Arme zu greifen und fortzuhelfen. So speiste der leider verlebte Seifensieder Joh. Jakob Gruno allwöchentlich am Donnerstag zwanzig und mehr Studirende aller Klassen aus, darunter auch mich. Der Segen des Himmels möge die edle Handlung an den Hinterbliebenen vergelten, wie an vielen andern, die ich an-

führen könnte. (Joh. M. Broxner, q. k. Gymnasial=Pro=
fessor.)

„Werde ich aber auch nicht persönlich dort sein, so wird
doch mein Geist an den schönen Freuden eines hundertfachen
Wiedersehens innigen Antheil nehmen. Und wenn ich zum
Altare des Allerhöchsten trete, werde ich zum Himmel flehen,
daß er meinen Lehrern und Wohlthätern vergelte, wozu
mir die Kraft gebricht." (Hermann Graf Fugger=Glött).

„Freundschaft glüh' durch alle Brüder,
Eintracht hebe jede Brust,
Die Erinn'rung bringe wieder
In das Herz des Jünglings Lust.
 An die Lieben
 Die schon drüben
Geh' mit frommem Sinn das Wort
„Liebe hier und Liebe dort!"
        (Silv. Kotz.)

Solche Sprache zeigte deutlich, welche Sympathien das
Fest allenthalben hervorgerufen! Wie viele der Studienge=
nossen, die durch ihre Verhältnisse gehindert waren, persön=
lichen Antheil zu nehmen, werden im Gedankenfluge sich an
diesem Abende in unsern Kreis versetzt haben! Darum er=
weiterten auch wir unser Herz, um sie alle in brüderlicher
Liebe zu umschließen und, gleichsam als könnten wir auf
Alle anwenden „ecce quam bonum, quamque jucundum,
habitare fratres in unum" griffen wir nach deutscher Sitte
zum Glase und tranken mit einem weithin klingenden „Hoch"
auf das Wohl der abwesenden Genossen!

So entschwanden rasch die Stunden, und als die
Glocke der Uhr unserem Hauptfesttage den Scheidegruß zu=
rief, waren wohl viele, aber noch lange nicht alle Theil=
nehmer vom Festlokale geschieden.

Am zweiten Festtage, den 23. August, war zu=
nächst eine ernste Pflicht zu erfüllen — ein frommes An=

denken zu weihen den verstorbenen Professoren und Studiengenossen. Zu diesem Zwecke rief das Programm den Clerus um ½9 Uhr zur Vigil in die k. Studienkirche, in welcher sich dann auch die übrigen Festtheilnehmer zu dem im 9 Uhr beginnenden Requiem einfanden. Auf Einladung hatte der Hochverehrte Domkapitular und Generalvikar der Diöcese Eichstädt, Herr M. Fries die Güte, als Celebrans zu fungiren. Durch des Tempels heilige Hallen, in welchen am Tage vorher jubelnde Dankeshymnen erschallten, drangen jetzt die wehmüthig klagenden, feierlich ernsten Töne eines von einem kräftigen Männerchore ausgeführten **Choral-Requiems**. Die festliche Zierde mit den in ihrem feierlichen Roth prangenden Tapeten, hatte einem von vielen Lichtern umgebenen Katafalk und den in düsterem Schwarz hergestellten Draperien Platz gemacht.

„O quae mutatio rerum," o welch' schnelle Veränderung, welch' ernstes Bild!

Von der Kirche hinweg schlug ein großer Theil der Theilnehmer den Weg zum Kirchhofe ein. Die sterblichen Ueberreste so mancher Lehrer der hiesigen Anstalten haben auf demselben ihre Ruhestätte gefunden.

So Dr. Schmid, gest. 1821, Dr. Gerhauser, gest. 1825, Dr. Niesenböck, gest. 1826 und in demselben Jahre J. Röckl; so Dr. Ruf, gest. 1830, Prof. Wirth, gest. 1832 und bald darauf Dr. Nüßlein; so Prof Seelmayr, gest. 1837, Dr Hagel, gest. 1832, g. Rath Schlichting, gest. 1843, Lic. Schilp, gestorben 1845, und Prof. Moll, gest. 1848; dann Prof. Heckner, gest. 1850, Dr. Aymold, gestorben 1853, Zeichnungslehrer Weiß, gest. 1857 und Prof Körner, gest. 1864.

Das Comité glaubte es der Pietät gegen die Verblichen schuldig zu sein, ihre Gräber zu schmücken. Welche verschiedenartigen Gefühle der ehemaligen Schüler mögen sich zu diesem Schmucke gesellt haben?

Wie oft beurtheilt man die Professoren und ihre Handlungsweise in späteren Jahren ganz anders, als in der Jugend und wie oft lernt man die Männer erst schätzen, wenn ihre Gebeine schon modern! Wie vieles hat man nicht seinen Lehrern zu verdanken! Wir vermögen nicht, ihnen zu vergelten, was sie für uns gethan; jedoch bei dem Gefühle unserer Ohnmacht tröstet uns das Wort, das am Eingang in den Gottesacker stand: „Die Viele im Rechten unterrichtet haben, werden leuchten wie die Sterne." Dan. 12, 3.

Aber nicht blos Professoren oder Lehrer haben ihr müdes Haupt hier zur Ruhe gelegt, auch Zöglinge und Schüler wurden inmitten ihrer schönsten Hoffnungen von der rauhen Hand des Todes hinweggenommen Auf ungefähr dreißig Grabeshügeln, welche bei Gelegenheit des Festes gleichfalls verziert waren, stehen noch die Namen solcher verzeichnet. Ach, wie viele von denjenigen, mit welchen wir einst in freundschaftliche Beziehung getreten, sind schon von uns getrennt durch die mächtige Pforte, die zwischen Zeit und Ewigkeit scheidet!

Und neben den gezierten Gräbern hat vielleicht mancher Studiengenosse auf einem halbverfallenen Steine, oder auf einem einfachen hölzernen Kreuze, das auf einem ganz verwachsenen Grabhügel steht, einen Namen gelesen, dem er aus innerstem Herzensgrund eine dankbare Erinnerung weihte, während er die Gräber anderer Wohlthäter oder sonst ihm theuer gewordener Bewohner der Stadt kaum oder gar nicht mehr zu finden weiß. Wie bald sind die meisten der Menschen vergessen. Es ist, als ob es nicht für die Verstorbenen, sondern für die Lebenden einen „Lethe" gäbe. Wie tröstlich, daß über die Gräber empor ragt das Bild desjenigen, der gesagt hat: „Ich bin die Auferstehung und das Leben; wer an mich glaubt, der wird leben und wenn er auch gestorben ist." Joh. 11, 35.

Ein weiterer Besuch galt den Attributen der Anstalten, insbesondere der reichhaltigen Bibliothek, in welcher Herr Rektor Dr Pollak, als gegenwärtiger Bibliothekar, und dem in rascher Entwickelung begriffenen Naturalien-Kabinete, in welchem Herr Professor May als leitende Führer die Besichtigung nicht blos interessant, sondern auch nützlich zu machen die Güte hatten.

Bei der Rückkehr von den Kabineten, beim Herabsteigen von den verschiedenen Treppen haben die Studiengenossen es nicht verschmäht einem einladenden Zeichen zu folgen, um jenen unheimlichen Ort zu beaugenscheinigen, wo die leichtsinnigen Streiche gesühnt, wo man die Uebertretung des „elften Gebotes" gebüßt, wo man die Stunden zugebracht, „von denen man sagt, sie gefallen mir nicht." Ich weiß nicht, ob Herr Aktuar Baber wegen früherer Rentabilität des Geschäftes vielleicht Ursache hatte, dieser Räumlichkeit sein practisches Talent zuzuwenden und dieselbe mit seltenem, in Worten nicht zu beschreibendem Geschmacke auszuzieren. Uebrigens jede Aufmerksamkeit verdient ihren Dank, also auch diese.

Nach dem Programme hätte an diesem Tage Nachmittags ein halb 4 Uhr Unterhaltung im Park mit Musik stattfinden sollen. Allein, wenn auch so manche bezüglich des Festes ausgesprochenen Wünsche in Erfüllung gingen, der von Herrn Stadtkaplan Koneberg in seinem Absageschreiben ausgesprochene „es möge bei diesem seltenen Feste über der ganzen beglückten Musenstadt ein schöner blauer Himmel lachen" hat sich sehr wenig erfüllt. Ich habe während des Festes den blauen Himmel nicht einmal ernst, geschweige denn lachend gesehen.

Wenn bei einem derartigen Feste helle freundliche Tage sich zeigen so kann man zuweilen in Berichten lesen: „Der Himmel war dem Feste günstig." Wäre die Gunst des Himmels darnach zu beurtheilen, so dürfte das Studiengenossenfest in Dillingen sich auf dieselbe nicht viel zu gut thun. Aber jede Sache hat ihre zwei Seiten, und ich glaube, daß die ungünstige Witterung am ersten Tage das gemüthliche Zusammensein und Beisammenbleiben gerade gefördert und keineswegs beeinträchtigt hat. Für den zweiten Nachmittag aber wäre lieblicher Sonnenschein allerdings sehr erwünscht gewesen; denn dadurch, daß man eine Promenade durch die Anlagen gemacht und sich dann im Park auf ein paar Stündchen gelagert hätte, wäre Abwechslung in die Sache gekommen und „varietas delectat." Es wäre jedenfalls eine schöne Reunion der Studiengenossen mit der Bürgerschaft geworden, wie es beabsichtiget war. Nachdem aber dieses bei dem strömenden Regen unthunlich geworden, hielt man es für angezeigt, die Familien der geladenen Festgäste, sowie insbesondere jenen Theil der Bürgerschaft, welcher Quartiere gegeben, auf Nachmittag 4 Uhr in die Festhalle einzuladen.

Diese Einladung wurde allenthalben mit großer Freude aufgenommen und bald hatte sich ein zierlicher Kreis von Damen versammelt und waren zahlreiche Bürger mit ihren Frauen, Söhnen und Töchtern erschienen. Alles wollte mit den Bekannten der früheren Tage, mit den von heiterer Stimmung gehobenen Studiengenossen auch selbst heiter sein und mit ihnen zusammen noch die Stunden genießen, bevor wieder das bittere Scheiden kam. Deßhalb füllten sich rasch die weiten Räume und die Studiengenossen, welche gezögert, konnten zu großem Bedauern der Comitémitglieder leider kein Plätzchen mehr finden. Viele haben in Folge dessen Veranlassung genommen, sich anderweitig niederzulassen. Gesang wechselte mit Musik und unvermerkt ging diese Nachmittagsversammlung in die abendliche **Abschiedsversammlung** über.

Mehrere Studiengenossen hatten diese Versammmlung nicht abgewartet, sie hatten sich schon am Mittag dieses zweiten Festtages verabschiedet und die Rückreise angetreten. Andere hatten, wie bereits bemerkt, sich anderweitig zusammengefunden und so war diese letzte Versammlung, im Vergleiche zu den vorausgegangenen, von Studiengenossen verhältnißmäßig weniger besucht. Noch einmal ward neben anderen Liedern kräftig das „Gaudeamus" gesungen und zum Schlusse nahm der schon erwähnte Herr Dr. Steidle,

k. Advokat in Würzburg, das Wort zur „Abschiedrede", welche er mit dem Wunsche endete, daß ein zweites Studiengenossenfest in Dillingen nicht erst nach 25, sondern schon nach 10 Jahren abgehalten werde. Große Begeisterung hatte diese Rede, die der Berichterstatter selber nicht mehr gehört und leider auch nicht erlangen konnte, bei den noch Anwesenden hervorgerufen. Hr. Oberlieutenant Sax brachte denn auch auf den Redner, welcher zu den gefeiertsten Theilnehmern gezählt werden darf, und welchem das Comité zu besonderem Danke verpflichtet ist, sofort ein kräftiges „Hoch" aus.

So endeten die Tage des Festes. Der Donnerstag entzog uns schon die meisten Theilnehmer, indem sie uns ein herzliches Lebewohl zuriefen, und wir sie mit unsern Segenswünschen begleiteten.

Dieß aber ist als das allgemeine Urtheil uns geblieben

das Fest war ein gelungenes.

Und wie das Comité bereits durch öffentliche Ausschreibung allen denjenigen, welche zur Möglichmachung und Verherrlichung des Festes in irgend einer Weise beigetragen, den verdientesten Dank ausgesprochen hat, so soll er hiemit auch hier ausgesprochen sein. Nur durch das freundliche Zusammenwirken, wie es sich allenthalben gezeigt, ist es möglich geworden, das Fest zu dem zu machen, was es war, weßhalb der Berichterstatter schließlich nicht umhin kann, die von den übrigen Comitémitgliedern je nach ihren Kräften an den Tag gelegte Bereitwilligkeit und opferwillige Thätigkeit und insbesondere den regen, allseitig besorgten Eifer des Comitévorstandes gebührend hervorzuheben.

Mögen die Theilnehmer uns und unserem Feste stets eine freundliche Erinnerung bewahren!

Einstmals in der Jugend Jahren
Mit dem zarten, frischen Leben
Hat die S ch u l' zu edlem Streben
Viel v e r e i n i g t uns're Schaaren.

Mit dem ernstesten Gebahren,
An dem Scheidewege eben,
Hat g e s ch i e b e n uns das Leben,
Da wir kaum gerüstet waren.

Mitten auf des Wirkens Wegen
Nochmal uns v e r e i n t zu sehen,
Kam das F e st uns froh entgegen.

Aber bei des Scheidens Wehen
Gelt's dem Herzen einzuprägen,
Daß wir ja als F r e u n d e gehen!

I.

Verzeichniß

sämmtlicher Theilnehmer an dem Studiengenossen-Feste in Dillingen

am 22. und 23. August 1865.

Die Herren:

Abmayr, Eb., Pfarrer in Hartpenning.
Achberger, Jos, Pfarrer und Inspektor in Kirchdorf.
Ahorner, von, Jos., k. Regierungsrath in Augsburg.
Ahr, Fr. Xav., Pfarrer in Behlingen.
Albrecht Jul., k. Forstaktuar in Dillingen.
Altegger Xaver, Benefiziat und Chorregent in Pfaffen=hofen a/J.
Amman Math., Pfarrer in Apfeltrang.
Amon Franz, Pfarrer in Oberhausen.
Aninger Joseph, Pfarrcurat in Unterglauheim.
Apoiger, J., Dr., Unterarzt in Dillingen.
Anzenhofer Joseph, Pfarrer in Holzheim bei Ulm.
Aulinger Bernhard, Stadtpfarrer in Höchstädt.
Aumüller Georg, Benefiziat in Lauingen.

Baader Joseph, Subrektor in Lohr a/M.
Bach Jos., Dr. theol., Privatdocent in München.
Baber Joh. Nep., Lyceums=Aktuar in Dillingen.
Baber Julius, Stadtkaplan in Dinkelsbühl.

Baletshofer Alois, Vikar in Thannhausen.
Bally von G., k. Regimentd-Auditor in Dillingen.
Barth Jos, Gerichtsschreiber in Dillingen.
Barthlme Jos., Caplan in Illerberg.
Bauberger Johann, Dr., prakt. Arzt in Krumbach.
Bauer Albert, k. Forstwarth in Roggenburg.
Bauer Alois, Revisor in Augsburg.
Bauer Joh, Caplan in Ziertheim.
Bauer Ludwig, k. Bezirksarzt in Kaisheim.
Baum Jos., Benefiziat in Inchenhofen.
Baumann Simon, Pfarrer in Sulzschneid.
Baumann, k. Bat-Quartiermeister in Dillingen.
Baumeister Jos. Pfarrer in Medingen.
Baur Carl, Beneficiat in Ettenbeuren.
Baur, Eugen, Kaufmann in Lauingen.
Baur Georg, Dr., prakt. Arzt in Lauingen.
Baur Georg, Domprediger in Augsburg.
Baur Robert, cand. juris aus Lauingen.
Bautenbacher Leonhard, Benefiziat in Günzburg.
Bayer Joh. Bernhard, Pfarrer in Freinhausen.
Beck Math., Pfarrer in Limbach.
Becker Jos., Magistratsrath in Dillingen.
Behringer Jos. Chrys., Inspektor der Providentia in Augsburg.
Beinhofer Engelb., Benefiziat in Waidhofen.
Beisbart Mich., Seidenfabrikant in Lauingen.
Beitelrock Joh. Mich. Lycealprofessor in Aschaffenburg.
Beitelrock Max, Domvikar und Domprediger in Eichstädt.
Beltinger Michael, Lehrer in Binswangen.
Bengger Jos., Pfarrer in Schwabbruck.
Benz A., Gemeindebevollmächtigter in Dillingen.
Berchtold A., Pfarrer in Obermauerbach.
Berchtold Michael, Rathsaccessist in Augsburg.
Bernsteiner Joh., Pfarrer in Osterberg.

Berreth Wilhelm, Benefiziat in St. Wolfgang.
Besserer Max, Frhr. v., k. Major in Dillingen.
Bestler Jos., Pfarrer in Oberaurbach.
Betsching Joh. Nep., Pfarrer in Frasdorf.
Biber Max, Registrator in Dillingen.
Bichler Michael, Pfarrer in Geltendorf.
Bihler Anton Jos., Pfarrer in Hirblingen.
Binswanger Ludwig, Pfarrer in Bachhagel.
Birkhofer Jos., Pfarrer in Langenneufnach.
Bitzl Georg, Benefiziat in Friedberg.
Blättermann Fr, Offiz. der Landwehr in Dillingen.
Bob Jos., Pfarrer in Steinheim.
Böck Jos., Gemeindebevollmächtigter in Dillingen.
Böck Jos., Pfarrer in Tafertshofen.
Böckle Franz Jos., k. Bezirksamtmann in Gerolzhofen.
Böhm Gustav, cand. juris in München.
Bogner Anton, Gerbermeister in Dillingen.
Bohl Jos, Registrator in Wertingen.
Boll Johann, Subrektor in Günzburg a/D.
Boll Michael, Studienlehrer in Eichstädt.
Bosch Carl, Chirurg in Weisingen
Boser Pankr., Magistratsrath in Dillingen.
Braig Max, Magistrats=Canzlist in Dillingen.
Bratsch Alphons, Kaufmann in Dillingen.
Braun Leonhard, Pfarrer in Ebersbach.
Breithinger Friedr., rechtsk. Bürgermeister in Lauingen.
Brenble Fidel, Pfarrer in Asch.
Brenner Johann, Pfarrer in Zahlingen.
Brenner Jos., k. Zeichnungslehrer in Günzburg.
Brenner Wendel., Dekan und Stadtpfarrer in Lauingen.
Brestel Fr., Gemeindebev. in Dillingen.
Breyer Joh. Bapt., Caplan in Gestratz.
Bronnenmayr Franz Xaver, Domcapitular ꝛc. in Augs=
burg.
Brüller Max, k. Veterinärarzt in Dillingen.

Bruggaier Joseph, Pfarrer in Lauterbrunn.
Brunninger Xaver, Expeditor in Indorf.
Buchele Johann, Pfarrer in Hitelbach.
Bucher Jos., Pfarrer in Wengen.
Büschl Andr., Stadtpfarrer in Augsburg, g. R.
Bumüller Joh., Pfarrer in Oberigling.
Bunk Anselm, P, Inspektor in Ottobeuern.
Bunk Xaver, Cameralpraktikant in Wettenhausen.

Cammerer Philipp, Pfarrer in Altenmünster.
Christa Joseph, Mauerermeister in Dillingen.
Conrad Math., Pfarrer in Niederbergkirchen.
Curtius Marquard, Dekan und Pfarrer in Illertissen.

Daffner Franz, cand. med. von Weisingen.
Dauner Michael, Caplan in Scheppach.
Demleuthner Carl, Dr., k. Bezirksart in Höchstädt.
Demleuthner Otto, cand. juris in München.
Dering Anton, Dr., prakt. Arzt in Dirlewang.
Dessauer Georg, Oekonom in Schwenningen.
Deuringer Carl, Oberlieutenant im k. I. Uhl.-Regimente in Dillingen.
Deuringer Joh. Bap., Gasthofbesitzer in Lauingen.
Deuringer Max, Vorstand der Gemeindebevollmächtigten in Dillingen.
Dietmayer Jos., Dekan und Pfarrer in Bergkirchen.
Dietrich Jos., Pfarrer in Rennertshofen.
Dirr Joseph, Pfarrer in Kriegshaber.
Distel Carl, Müller in Scheppach.
Dörle, Math., Benefiziat auf Pobenhausen.
Drexel Alois, Pfarrer in Germaringen.
Drexel Jos., Pfarrer in Landensberg.

Eber Ant., geist. Rath, Stadtpfarrer in Günzburg a/D.
Eberle Johann B., Pfarrer und Cap. Cammerer in Donaualtheim.

Eber Anton, Pfarrer in Sachtenau.
Egelhofer Martin, Präfekt in Lauingen.
Egger Blasius, Pfarrer in Thalhofen.
Egger Hugo, Pfarrer in Engishausen.
Ehbauer Jakob, Quartierm. in Dillingen.
Ehrenhuber Michael, Pfarrer in Rattenhausen.
Ehrl Jos., Magistratsrath in Dillingen.
Eigelsperger Jakob, Pfarrer in Deiningen.
Einsiebel Leonh., Vikar in Margarshausen.
Eisenmenger Ludwig, k Bauassistent in Memmingen.
Emmelauer Joh. Nep., Pfarrer in Endorf.
Emminger Crispin, Pfarrer in Wiesenbach.
Endraß Peter, k. Bez.-A.-Funktion. in Dillingen.
Endres Anton, Pfarrer in Kaisheim.
Endres Carl, Pfarrer in Wörnitzstein.
Endres Jos. Maria, P. Benedikt. in München.
Erbt A, Dr., Advokat und Wechselnotar in Augsburg.
Ernst Ignaz, Pfarrer in Vorderburg.
Ertinger Rud., Gastwirth in Dillingen.
Eschwig Alois, Lehrer in Pleß.

Fahrenschon Franz Jos. Pfarrer in Boos.
Faßbender Franz, gräfl. Fugger'scher Fabrikverwalter in Schretzheim.
Fasolb Joh. Nep., Pfarrer in Weil.
Feistle Anton, Prof. in München.
Feistle Oskar, Eisenbahnassistent in München.
Feistle Wilhelm, Pfarrer in Gundelsdorf.
Fesenmaier Xaver, Student in Dillingen.
Feuersinger Georg, Pfarrer in Osterzell.
Feuerle Anton, Bräuer in Donauwörth.
Feuri Alfr., Frhr. v., Lieutenant im k. I. Uhl.-Regimente in Dillingen.
Feyrlein Xav., k. Lbg.-Funktionär in Dillingen.
Fink Johann, k. Advokat in Augsburg.

Fink Jos. Stadtpfarrer in Nördlingen.
Fischer Georg, Benefiziat in Donauwörth.
Fleischmann Gottfr., Dr., prakt. Arzt in Schweinspoint.
Fleischmann Fr., Dr., k. Bezirksarzt in Dillingen.
Floß Franz, Pfarrer in Belzheim.
Freihalter Gotth. Pfarrer in Ochsenbrunn.
Frieß Michael, Domkapitular und Generalvikar in Eich-
städt.
Fuchs Alois, Pfarrer in Wildburgstetten.
Fuchs Emil, Major im k. b. 3. Chevauxlegers-Regimente
in Dillingen.
Fürst Mich., Gemeindebevollm. in Dillingen.
Fugger-Glött Alfr., Graf von, Rittmeister im k. I. Uhl.-
Regimente in Augsburg.
Funk Leonh. Kaplan in Kicklingen.

Gallenmüller Jos., Assistent der Mathematik in Aschaf-
fenburg.
Ganshorn Carl, Skribent in Dillingen.
Gartner Franz, Caplan in Wertingen.
Gartner Franz, Pfarrer in Todtenweis.
Gebhart Ant., Chorregent in Dillingen.
Geib Karl, Lieutenant im k. 3. Chev.-Reg. in Dillingen.
Geier Ludw., Caplan in Haßberg.
Geiger Georg, Pfarrer in Jugenried.
Genóve Gust., Lieutenant im k. 3. Chev.-Regimente in
Dillingen.
Gentner Al., Offizier der Landwehr in Dillingen.
Gentner Xaver, Stadtpfarrer in Mindelheim.
Gerstmayr Joseph, k. Landrichter in Wertingen.
Gerstmayr Max, Zimmermeister in Dillingen.
Geyer Karl, k. Appellationsgerichtsrath in München.
Gietel Heinrich, k. Revierförster in Glöttweng.
Glaß Cölestin, cand. juris in München.
Gletzle Johann Nep., Pfarrer in Straß.

Gloner Anton Cooperator in Hellezhofen.
Gögelein, Alb. Offizier der Landwehr in Dillingen.
Götz Jos., Pfarrer in Ehekirchen.
Grabl Jakob, k. Bez.-Amts-Assessor in Mainburg.
Graf Anton, Rentamtsoberschreiber in Zusmarshausen.
Graf Sebastian, Landrichter in Cham.
Graser Peter Ant., Stadtkaplan in Aichach.
Gratz Alois, Domvikar in Augsburg.
Gratz Lorenz, Dr. th., Domkapitular und Generalvikar in Augsburg.
Greck, Ant., Pfarrer in Weilheim.
Groß Wilhelm, Pfarrer in Obersahlheim
Gruber Lorenz, Stadtpfarrer in Rain.
Gruber Michael, Cameralpraktikant in Wertingen.
Gruno Ed., Seifensieder und Magistratsrath in Dillingen.
Gschwend Wendelin, k. Schulinspektor zu Pforzen.
Guggemos Augustin, Pfarrer in Epfach.
Guggenberger Johann, Pfarrer in Burk.
Guggenberger Xav., Caplan in Westendorf.
Gutbrod Franz, Neomyst aus Gundelfingen.
Gutterman Xaver, Pfarrer in Tiefenbach.

Haas Franz, Registrator in München.
Haberes Ulrich, Pfarrer in Aresing.
Häusler Franz Josef, Dekan und Stadtpfarrer in Wertingen.
Häusler Jos., Offizier der Landwehr in Dillingen.
Hafenmair Georg, Stadtpfarrer in Memmingen.
Hafner Barth., Lehrer in Neuburg.
Haggenmüller Alex., cand. jur. in München.
Haltenberger Ludwig, Pfarrer in Kimmratshofen.
Hannes Basilius, Revisor in München.
Happach Joh., Caplan in Oberhausen.
Hartmuth Ant., Benefiziat in Babenhausen.
Hartmann Georg, Pfarrer in Welden.

Hartung Meinrad, Pfarrer in Legau.
Haffenmüller Simon, Pfarrer in Freihalben.
Hauber Carl, k. Staatsanwaltsvertreter in Lauingen.
Haugg Conrad, Pfarrer in Mittelstetten.
Hauser Caspar, Registrator in Lauingen.
Hauser Lorenz, Handelsgerichtsrath in München.
Hausmann Christoph, Kaufmann in Lauingen.
Hayn B., Apotheker in Höchstädt.
Hebler Joh., Alumnus in Dillingen.
Heichlinger Ferd., Pfarrer in Schwenningen.
Heimer Max, k. Notar in Wertingen.
Heinbl Conrad, k. Revierförster in Sachsenried.
Heinbl Joh. Bapt., Dr. phil., Lehrer in Günzburg.
Heisele Martin, Benefiziat in Schönebach.
Heißler Georg, Pfarrer in Geretshausen.
Herb Michael, Caplan in Oberndorf.
Hermann Anton, Reg.=Aktuar in Dillingen.
Hermann Jos., Telegraphenassistent in Fürth.
Herreiner Xaver, Spitalpfarrer in Landsberg.
Herzog Jos., Pfarrer in Ziertheim.
Herzog Paul, Dr., prakt. Arzt in Marktheidenfeld.
Heß Franz, Cooperator in Ottersing.
Heß Richard, k. Rentbeamte in Hafnerszell.
Heydte Friedr., Frhr. v., Rittmeister im k. b. I. Uhl.=
 Regimente in Dillingen.
Hillenmayr Benedikt, Vikar in Deisenhofen.
Hiltensberger Joh., k. Professor der Religionslehre
 in Kempten.
Hiltersberger Friedr., Pfarrer in Walding.
Hintermayer Carl, Cammerer und Pfarrer in Eresing.
Hintermyer, Ludwig, Bez.=Thierarzt in Dillingen.
Hipp Jos., Kreiskassier in Würzburg.
Hirschberg H., Graf v., Lieutenant im k. b. I. Uhlanen=
 Regimente in Dillingen.

6*

Hirschberger Georg, Pfarrer in Uebersfeld.
Hirschberger Johann, Realitätenbesitzer in München.
Hitzler Franz, Caplan in Zusammaltheim.
Hitzler Markus, Stadtpfarrer in Weißenhorn.
Hitzler Michael, Dekan und Pfarrer in Lengenfeld.
Hocheisen Conrad, Pfarrer und Distrikts=Schulinspektor in Aislingen.
Hocheisen Martin, Pfarrer in Abelshausen.
Höfler Ignaz, Pfarrer in Ebenhofen.
Hörmann Jos., Pfarrer in Hasenhofen.
Höß Hermann, Pfarrer in Eckarts.
Hofer Franz, Kaufmann in Eichstädt.
Hofmann Jos., Pfarrer in Riedhausen.
Hohenegg Jos., Pfarrer in Oberbechingen.
Holger Alois, Postassistent in Günzburg.
Holzmann Ant., g. Rath, Pfarrer und Distrikts=Schul-Inspektor in Schwennenbach.
Horz Eduard, Lithograph in Dillingen.
Hoser Conrad, Pfarrer in Berg.
Hubel Gust., Skribent in Dillingen.
Huber Honorius, Pfarrer aus Hohenzollern.
Huber Joh. B., Telegraphenassistent in Lindau.
Huber Jos., Caplan in Wallenhausen.
Huber Ludw., k. Bez.=Geometer in Dillingen.
Hueber Th., k. Posthalter und Bürgermeister in Dillingen.
Hug Seraph, Dr., k. Bezirksarzt in Günzburg.
Huggenberger Jos., k. Bezirks=Amts=Assessor in Dillingen.
Hurt Carl, k. Bez.-Geometer in Günzburg.
Hurt Max, Pfarrer in Steinbach.

Igel Ant., Thierarzt in Weißenhorn.
Illing Chr., k. priv. Vikar in Dillingen.
Imbiel Pantaleon, Neomyst in Dillingen.
Immler Fidel, Pfarrer in Gempfing.

Julius Lorenz, Caplan in Stötten.
Julius Xaver, Dr., Assistenzarzt in Irrsee.
Jung Jos., Pfarrer in Dirrwangen.

Kaiser, Hpt. im k. b. Genie=Corps.
Kaler Ludw., k. Notar in Donauwörth.
Kast Alois, Pfarrer in Rechbergreuthen.
Kastner Ant., Lehrer in Ehingen.
Kauffmann Jos., Pfarrer in Knobelshausen.
Kaufmann Mich., Dr., Professor am k. Lyc. in Dillingen.
Kaufmann, gräfl. Fugger'scher Domänen=Inspektor in Dillingen.
Keck Eduard, Caplan in Bebernau.
Kellenberger Jos., Notar.=Concipient in Dillingen.
Keller Franz, Caplan in Ursberg.
Keller Martin, Pfarrer in Echlishausen.
Keppeler Xaver, Pfarrer in Oberlauben.
Kern=Kernrieb von, k. Baubeamte in Dillingen.
Ketterle Anton, Pfarrer in Unterreitnau.
Kienle Jos., Pfarrer in Schwabhausen.
Kinz Xaver, Curat in Reutern.
Kircher Felix, Benefiziat in Weißenhorn.
Kircher Georg, Missionspriester in Hollidaysburg in Nordamerika.
Kircher Joseph, Pfarrer in Sontheim.
Kirschenhofer Joh. Nep., k. Bez.=Amtsassessor in Dillingen.
Klaiber Jos., Dr., prakt. Arzt in Reichertshofen.
Klaus Ant., cand. jur. in München.
Klein Benedikt, Pfarrer in Gansheim.
Kleinhans, Dekan in Mindelheim.
Kleinheinz Xaver, Pfarrer in Munzingen.
Kling Meinrad, Pfarrer in Egg a. d. Günz.
Klotz Carl, Pfarrer in Babenhausen.
Klotz Theodor, Thierarzt in Unterviechtach.

Knappich Alois, Pfarrer in Tapfheim.
Kneip Sebast., Beichtvater in Wörishofen.
Knoll Franz Jof., Pfarrer in Loppenhausen.
Knorr Georg, Offizier der Landwehr in Dillingen.
Köninger Ant., Rechtsrath in Dillingen.
Köttel Gottfr., Gemeindevollm. in Dillingen.
Kolb Jof, Bürgermeister in Straubing.
Kolb Jof., Caplan in Grönenbach.
Korb Georg, Oberst und Commandant des k. I. Uhlanen-Regiments in Dillingen.
Kräh Adolph, Buchhalter in München.
Kräh Anton, Pfarrer in Dorschhausen.
Kräh Max Jof., Pfarrer in Willprechtszell.
Krämel Jof., Postassistent in Bamberg.
Kränzle Rupert, Käufler in Dillingen.
Kramer Max, Pfarrer in Kleinweiler.
Krauß Anton, Magistratscanzlist in Lauingen.
Krauß Joh., Frhr. v., k. Forstmeister in Dillingen.
Kratzer Carl, k. Notar in Dillingen.
Kreb Johann, Caplan in Oberstaufen
Kremer Johann, Kaufmann in Donauwörth.
Krenkel Ant., Stadtschreiber in Kaufbeuren.
Kreuzer Franz Paul, cand. theol. in Dillingen.
Kriener Max Jof., Concipient in Augsburg.
Krumm Alois, Pfarrer in Unterlizheim.
Kuchler Nikolaus, k. Gerichtsschreiber in Höchstädt.
Kunzmann Ulrich, Benefiziat in Roggden.
Kugler Friebr., Pfarrer in Zöschingen.
Kugler Jof., k. Assessor in Augsburg.
Kummer Friedrich, Bez.-Arzt in Monheim.
Kummmer J., Landrichter in Donauwörth.
Kummer Jof., k. Steuergeometer in Augsburg.
Kummer Rupert, Benefiziat in Landsberg.
Kuttler Ferd., k. Landrichter in Sonthofen.

Lachner Franz, k. Postoffizial in Bamberg.
Läble, Jos., Pfarrer in Habersskirch.
Längst Franz, Pfarrer in Hirschzell.
Landes Robert, Pfarrer in Lützelburg.
Lang Jos. Ant. Pfarrer in Ebenried.
Lang Jos. Anton, Aufschläger in Weißenhorn.
Langenmantel Jos., v., Stabsrittmeister im k. I. Uhl.=
 Regimente in Dillingen.
Langenmantel Wilh., v., Junker in Augsburg.
Langenwalter Andr., Benefiziat in Waldstetten.
Lauber Jul., Dr., prakt. Arzt in Donauwörth.
Laucher Adalbert, Chorregent in Günzburg.
Laucher Eugen, k. Bez.=Ger.=Sekretär in Deggendorf.
Leb Ferdinand, Pharmazeut in Dillingen.
Leckenwalter Ant., Caplan in Angelberg.
Lechner Ludw., Eisenhändler in Lauingen.
Leder Georg, Benefiziat in Emmersacker.
Lederle Johann, Stadtpfarrer in Immenstadt.
Leiningen=Westerburg W., Graf v., Rittm. im k.
 3. Chevaurlegers=Regimente in Dillingen.
Lengger Ad. Rentamtsgehilfe in Dillingen.
Lengger Friedr., k. Gerichtsschreiber in Burgau.
Lenzer Hoh. Georg, Pfarrer in Oberhausen.
Lerpscher Michael, Pfarrer in Akams.
Lettenmayer Ludw., Lehnforstwart.
Leveling Joh. v., Magistratsrath in Dillingen.
Lilien=Waldau Sigm., Frhr. v., Rittmeister im k. 3.
 Chev.=Reg. in Dillingen.
Linder Anton, Alumnus in Dillingen.
Lindermayr Simon, Pfarrer in Jachenau.
Lippert Xaver, Pfarrer in Dinzelbach.
Loecherer Florian, Benefiziat in Zusamaltheim.
Lohmann Martin, Dekan und Pfarrer Naßenbeuren.
Luckner Johann, Gemeindebev. in Dillingen.
Mack Ant., Dr., prakt. Arzt in Burgau.

Mack Bernh., Offizier der Landwehr in Dillingen.
Mack Emil, Kaufmann in Burgau.
Mack Ulrich, Expositus in Schwabegg.
Maier Ulrich, Pfarrer in Karlshuld.
Maier Anton, Benefiziat in Rottenburg.
Maisch Ant., Pfarrer in Dinzelhausen.
Mann Fr., Gemeindebevollm. in Dillingen.
Marberger Mar, Gerichtshalter in Holzen.
Martin Balthasar, Pfarrcurat in Schabringen.
Martin Pankraz, Stadtprediger in Friedberg.
Martin Pet. P. Curat in Unterjoch.
Mascher Joh. Revierförster in Obergünzburg.
Matter Joh. Ev., Hofkaplan in Hohenzollern.
Mayer Alois, Pfarrer in Ebratshofen.
Mayer Bernhard, Stabsschreiber in Lauingen.
Mayer Carl, Kaufmann in Günzburg.
Mayer Georg, Notariatsgehilfe in Türkheim.
Mayer Mich., Gemeindebev. in Dillingen.
Mayer Moriz, Magistratsrath in Dillingen.
Mayer Xav., Kaufmann in Dillingen.
Mayer Xav., cand. juris in München.
Mayr Alois, Pfarrer in Untermaiselstein.
Mayr Andreas, Dekan und Pfarrer in Mörslingen.
Mayr Johann Ev., freires. Pfarrer in Illereichen.
Mayr Leonh., k. Rentbeamte in Lauingen.
Mayrhofer Franz Jos., Pfarrer in Hohenzell.
Meier Jos., Advokat in Augsburg.
Mende Sebast., Pfarrer in Fristingen.
Merkl Hermann, Pharmaceut in Nürnberg.
Merkl Wilhelm, priv. Apotheker in Dillingen.
Merkle M., k. Lycealprofessor in Dillingen, g. Rath.
Merkle Prosper, P. Prof. und Stadtpfarrer in Münnerstadt.
Messina Jos., Frhr. v., Rittm. im k. 3. Chev.-Reg. in Dillingen.

Meuerle Anselm, P., Capuz. in Augsburg.
Michal Carl, Lieutenant im k. 3. Chev.-Reg. in Dillingen.
Mösl Jakob, k. Postexpebitor in Lauingen.
Moll Jos., Pfarrer in Sachsenried.
Moll Simon, Pfarrer in Rehrosbach.
Müller Andreas, Pfarrer in Aletshausen.
Müller Alois, Pfarrer in Wessobrun.
Müller Jakob, Pfarrer in Deimhausen.
Müller Jos., Fabrikant in Babenhausen.
Müller Jos., Pfarrer in Remshart.
Müller Math., Pfarrer in Oberelchingen.
Müller Narziß, freires. Pfarrer in Leuterschach, zweitältester der Versammlung.
Muff Cölestin, Dekan und Stadtpfarrer in Donauwörth.
Nabler Jos., Beneficiat und Ordinariats-Canzlist in Augsburg.
Neher Steph., Pfarrverweser in Münchart.
Neibhart Franz, Dr., prakt. Arzt in Kirchheim.
Neibhart Max, Polytechniker in München.
Neuer Ignaz, Benefiziat in Friedberg.
Niebermayer Bonifaz, Pfarrer in Leibling.
Nusser Ant., Magistratsrath in Dillingen.
Nusser Georg, Pfarrer in Egling.
Nusser Jos., Gemeindebevollm. in Dillingen.

Oefele Alph., cand. phil. in Dillingen.
Oefele Andr., cand. phil. aus Mörslingen.
Oelhafen Friedr., von, Lieutenant im k. I. Uhl.-Reg. in Dillingen.
d'Orville Eugen, Lieutenant im k. 3. Chev.-Reg. in Dillingen.
Oßwald Xaver, Benefiziat in Gabelbachkreut.
Ost Max, Spitalpfleger in Dillingen.

Pappenheim, Carl, Graf zu, Stadtkommandant, Oberst

und Commandant des k. 3. Chevaurlegers-Regiments in Dillingen.

Paula Ant.., Dekan und Pfarrer in Mauren.
Pfister Georg, k. Gerichtsschreiber in Lauingen.
Pfretschner J., v., Rittm. im k. I. Uhl.-Reg. in Dillingen.
Pichler Martin, Pfarrer in Eppisburg.
Pichler Nikolaus, Pfarrer in Ambach.
Piller Martin, Professor der Mathematik in Dillingen.
Planer Joh. Bapt., Redakteur in Landshut.
Pleitner C., k. Studienrektor in Dillingen.
Policzka Max, Oberlieutenant im k. 3. Chev.-Regim. in Dillingen.
Pollak Xaver, Dr., k. Lycealrektor in Dillingen.
Pollak Ludw., Rechtspraktikant in Donauwörth.
Possert Alfred, Oberlieutenant und Adj. im k. I. Uhl.-Reg. in Dillingen.
Premauer Jos., Landrichter in Oettingen.
Prestele Jos., Benefiziat in Weißenhorn.
Pröll Ant., Caplan in Oberwaldberg.

Rabini Jos., Caplan in Grünenbaindt.
Raith Remig, Pfarrer in Wittislingen.
Rau Xaver, Cammerer in Kicklingen.
Rauch, Engelbert, Pfarrer in Winterbach.
Rauh Friedr., prakt. Arzt in Leipheim.
Reber Leonhard, Aktuar in Augsburg.
Rehm Blasius k. Revierförster in Uzmemmingen.
Rehm Jos., Pfarrer in Anhausen.
Reicherzer Ant., geistl. Rath, Dekan in Thierhaupten.
Reinbl Magnus, Benefiziat in Dillingen.
Reischle Joh., k. Aufschläger in Dillingen.
Reiser Michael, Pfarrer in Obermeitingen.
Renftle Jos., Pfarrer in Mering.
Renz Jos., Pfarrer in Pfaffenhausen.

Rieblinger Jos., Pfarrer in Zell.
Rieberle Jos., Pfarrer in Raustetten.
Riebheim Max, v., Privatier in Lauingen.
Rieger Ant., Rechtsrath in Gundelfingen.
Riegg Mich., Pfarrvikar in Donaualtheim.
Riegg Mich., Pfarrer in Wellheim.
Riegg, Xaver, Stadtkaplan in Günzburg.
Riß Xaver, q. k. Landrichter in Dillingen.
Robeller Jos., Dekan in Egenhofen, Senior der Festgenossen.
Rödl Eb., q. k. Studienlehrer in Dillingen.
Röger Franz Xaver, Pfarrer in Zangenhausen
Röger Wendelin, Pfarrer in Beuren.
Rupp Alois, Benefiziat in Rain.

Sailer Andreas, Alumnus in Dillingen.
Sallinger Eb., Pfarrer in Schäfstall.
Sartori Carl, k. Advokat in Dillingen.
Sax Carl, Oberlieutenant im k. 3. Chev.-Regiment in Dillingen.
Sauer Barth., Rentbeamte in Knörringen.
Saule Leonhard, Caplan in Schwabmünchen.
Sauter Fidel, k. Gerichtsarzt in Mindelheim.
Sauter Sebast., Pfarrer in Unterbechingen.
Schaller Adam, k. Regimentsquartiermeister in Dillingen.
Schaller Johann, Alumnus in Dillingen.
Schauer Jakob, Pfarrer in Lenzfried.
Scheitle Ignaz, Pfarrer in Roggenburg.
Scheppach Alois, Pfarrer in Laugna.
Scherer Michael, Apotheker in Dinkelscherben.
Schiller Ludw., cand. med. aus Dillingen.
Schilling Johann, Stadtkaplan in Di ingen.
Schindlbeck Jakob, Buchhalter in Freising.
Schlamp Jos., Pfarrer in Rechtis.

Schlichting Gottfried, Inspektor, Cammerer und Pfarrer in Hausen.
Schmalz Christian, v., Junker im k. 3. Chev.-Regim. in Dillingen.
Schmid Al., k. Lyc.-Prof. in Dillingen.
Schmid Franz, cand. phil. in Dillingen.
Schmid Josef, Pfarrer in Wörleschwang.
Schmid Math., Pfarrer in Holzheim.
Schmid Martin, Pfarrvikar in Mindelheim.
Schmid Michael, Pfarrer in Murnau.
Schmidpeter Johann, Pfarrer in Hoffstetten.
Schmittner Joseph, Landwehrmajor in Dinkelsbühl.
Schmittner Xaver, Gutsbesitzer in Dunstelkingen.
Schmoll Johann, Aktuar in Dillingen.
Schneeweiß Rud., v., k. Bez.-A.-Ass. in Dillingen.
Schneider C., Staatsanwaltsvertreter in Dillingen.
Schneider Jos., Dekan in Oberreitnau.
Schneider J., k. Lyceal-Professor in Dillingen.
Schneider Ludw. k. Oberkondukteur in München.
Schnidtmann Paul, Schloßbenefiziat in Niederarnbach.
Schöner Joh. Bapt., Zeichnungslehrer in Dillingen.
Schopper Michael, Stadtpfarrer in Gundelfingen.
Schuster Aug., Rechtspraktikant in Augsburg.
Schuster Jakob, k. Landg.-Funktionär in Burgau.
Schuster Johann, k. Rentbeamte in Dillingen.
Schuster Math., Pfarrer in Sonderheim.
Schuster Max, cand. juris aus Dillingen.
Schuster Wilhelm, Postexpeditor in Grünenbach.
Schwager Ludwig Benefiziat in Großkötz.
Schwarz Carl, Dr., Assistenzarzt in Augsburg.
Schwarz Georg, Pfarrer in Dietkirch.
Schwarz Otto, Caplan in Benediktbeuren.
Schwarzenbach Joh. A., Pfarrer in Hirschbach.
Schwayer Jakob, freires. Pfarrer in Kaufbeuren.
Schwayer Leonh., Dr., prakt. Arzt in Ammerbingen.

Seibel Val., k. Lyceal-Prof. in Dillingen.
Seblmaier Stephan, Pfarrer zu Ellerbach.
Seitz Carl, Div.-Vet.-Arzt in Dillingen.
Seitz Jos., k. Bez.-Ger.-Rath in Donauwörth.
Semmelbauer Osk., Apotheker in Dillingen.
Senning Anton, Pfarrer in Lutzingen.
Seybold Jos., Pfarrer in Merching.
Sieber Carl, Privatier in Lauingen.
Sing Joseph, Pfarrer in Petersthal.
Singer Jos., Dekan und Pfarrer in Sonthofen.
Sinner Conrad, Pfarrer in Wattenweiler.
Sinning Carl, Pfarrer in Aretsried.
Six Leonh., Bräuereibesitzer in Lauingen.
Sixt Heinr., Oberlieutenant und Adjutant im k. 3 Chev.-Regim. in Dillingen.
Sontheimer Jos., Lehrer in Egenhofen.
Sontheimer Otto, Benefiziat in Sulzberg.
Spahn Jos., Benefiziat in Neuhäber.
Speiser Alois, Pfarrer in Rauhenzell.
Spengler Georg, Pfarrer in Aichen.
Sperger Paul, k. Bez.-Ger.-Assessor in Freising.
Springer Jos., cand. phil. in Dillingen.
Stabler Albert, Kaufmann in Augsburg.
Stabler Jos., Benefiziat in Großkitzighofen.
Stäbele Clemens, Pfarrer in Niederraunau.
Stahl Wilhelm, Pfarrer in Oberrieden.
Stanger Bernh., Dr., prakt. Arzt in Wullenstetten.
Saubwasser Jos., k. Lieutenant in Augsburg.
Stauffenberg Carl, Frhr. v., Junker in Dillingen.
Stegmüller Alois k. Assessor in Immenstadt.
Stegmüller Georg, Caplan in Mering.
Stegmüller Xaver, Rechtsconcipient in Augsburg.
Steichele Ant., Domkapitular cc. in Augsburg.
Steichele August, Kaufmann in Dillingen.
Steible Georg, Dr. juris, k. Advokat in Würzburg.

Steible Jos. Ant., Pfarrer und Distrikts-Schulinspektor in Altdorf.
Steible Pius, Pfarrer in Bergheim.
Steible Thaddäus, Kaufmann in Höchstädt.
Stelzle Jos. prakt. Arzt in Mönchsbeggingen.
Stiegele Rudolph, Pfarrvikar in Burlafingen.
Stocker Franz, k. Landrichter aus Kassel.
Stöckinger Anton, Pfarrer in Hochaltingen.
Stöber Carl, Lieutenant im k. 3. Chev.-Regimente in Dillingen.
Strobl Johann, Pfarrer in Ettenhausen.
Strohmayer Jos., Pfarrer in Hörzhausen.
Stromer-Reichenbach, Frhr. v., Rittmeister im k. 3. Chev.-Reg. in Dillingen.
Stümpfle Carl, cand. theol. in Dillingen.
Stützle Carl, Dr., prakt in Buchau.
Sturg Martin, Pfarrer in Großkötz.

Tessari, k. Revierförster in Tapfheim.
Thalhofer Norb., Neomyst in Dillingen.
Thalhofer Val., Dr. theol., Direktor in München.
Thoma Jos., Adv.-Concipient in Dillingen.
Tochtermann Franz Xav., Cammerer in Unterroth.
Tochtermann Jos., Chirurg in Schwenningen.
Thorwart Ant., Pfarrer in Hollenbach.
Thum Jos., Pfarrer in Weitnau.
Trutter A., Offizier der Landwehr in Dillingen.

Uhl Ulrich, Stadtkaplan in Dillingen.
Ulmer Jos., Pfarrer in Indersdorf.

Vanberome Conrad, k. Bez.-Amtmann in Wertingen.
Varicourt Lamb., Junker im k. 3. Chev.-Regimente in Dillingen.
Veh Mich., cand. phil. in Dillingen.
Veith Jos., Stadtpfarrorganist in Dillingen.
Vicari Ludwig, Pfarrer in Weinried.

Vogel Rem., geistl. Rath, Dekan und Stadtpfarrer in Dillingen.
Vogelsang Andr., Pfarrer in Ammerfeld.
Bogg Math. k. Postassistent in München.
Volkwein Jos., Pfarrer und Cammerer in Hohenzollern.
Vollmann J., Quästor der k. Universität in München.

Wachter Jos., Caplan in Winzer.
Wagner Georg, Stadtkaplan in Burgau.
Wagner Joh. Ev., geistl. Rath, Regens in Dillingen.
Wagner Stephan, Pfarrer in Unterigling.
Weidmann Ant., Pfarrer in Untergriesbach.
Welch Xaver, Pfarrer in Frohnhofen.
Waldenmayer Melch, Pfarrer in Bachern.
Waldvogel Gaudenz, Pfarrer in Marxheim.
Waltenberger Jos., Caplan in Hausen.
Walter Christian, Pfarrer in Weihering.
Wankmüller Franz, Pfarrer in Großaitingen.
Wanner Franz, Pfarrer in Oberroth.
Weber Anton, Pfarrer in Echenbrunn.
Weckerle Carl, Pfarrer in Schwabmühlhausen.
Weckerle Xaver, Pfarrer in Bühl.
Weiler Ulrich, Commissionär in Dillingen.
Weilhammer, Telegraphenassistent in Augsburg.
Weinhart Georg, Inspektor des Knaben-Seminars in Dillingen.
Weinmüller Bernh. cand. phil. in Weisingen.
Weiß Franz, Advokat in Monheim.
Weiß J., Offizier der Landwehr in Dillingen.
Wengenmayr Xaver, Caplan in Breitenbrunn.
Wenninger Ant., k. Gerichtsschreiber in Buchloe.
Wiedemann Eustach, Pfarrer in Hollenbach.
Wiedemann Fidel, Pfarrer in Oberfinningen.
Wiedenmann Michael, Pfarrer in Hoppingen.
Wiest Alois, k. Obertribunalrath in Stuttgart.

Winter Alban, Pfarrer in Haldenwang.
Winter Ph., Gemeindebev. in Dillingen.
Wittmann Jof., Caplan in Bachhagel.
Wocher Jof., Benefiziat in Burgau.
Wölfle Franz, Registrator in Freising.
Wölfle Johann, cand. theol. in München.
Wolf Andreas, Pfarrer in Birkhausen.
Wolf Joh. Bapt., Stadtpfarrer in Neu-Ulm.
Wolf Ottmar, Benefiziat in Etting.
Wolff Alois, Dekan u. Pfarrer in Deffingen
Wolff Ant., Materialist in Dillingen.
Wolff Carl, Cammerer und Benefiziat in Aislingen.
Wolff Franz, k. Bezirksamtmann in Kaufbeuren.
Wolff Ludwig, Rechtspraktikant in Kaufbeuren.
Wrede Oskar, Fürst v., Oberlieutenant im k. 3. Chev.-Regimente in Dillingen.
Wunderle Anton, Pfarrer in Rommelsried.
Wunderle August, Benefiziat in Bühl.
Wunderle Heinrich, Postassistent in Augsburg.
Wurm Anton, Pfarrer in Gutenberg.
Wurzer Jof., k. Landrichter in Dillingen.

Ysenburg Moriz, Graf von, Major im k. I. Uhlanen-Regimente in Dillingen.

Zanker Jof., Pfarrer und geistl. Rath in Krumbach.
Zech Jakob, Caplan in Illereichen.
Zeiler Franz, Offizier der Landwehr in Dillingen.
Zeller Carl, k. Bez.-Amts-Assessor in Naabburg.
Zenetti Carl, Privatier in München.
Zenetti Ferdinand, Apotheker in Lauingen.
Zenetti Ferdinand, Kaufmann in München.
Zenetti Jof., Kaufmann in Lauingen.
Zenetti Ludwig, Kaufmann in Lauingen.
Zerrle Johann, Benefiziat in Rain.
Zett Georg, Stadtschreiber in Dillingen.

Zimmerer Jof. Bezirksger.-Sekretär in Eichstädt.
Zimmermann Heinrich, Pfarrer in Betzigau.
Zimmermann L., Gemeindevollm. in Dillingen.
Zimmermann Xav., Caplan in Stiefenhofen.
Zöschinger Ludwig, Caplan in Oberdorf.
Zunhammer Andr., Pfarrer in Hochwang.
Zunhammer Jakob, Schreinermeister in Dillingen.
Zwerger Carl, Pfarrer in Hainhofen.
Zwerger Leonhard, Pfarrer in Dillishausen.

Von den vorstehend verzeichneten 661 Festtheilnehmern sind:

Geistliche (Theologen) 349.
Juristen und Cameralisten 70.
Militairs 40.
Kauf- und Gewerbsleute 38.
Amtsgehilfen 34.
Magistratsräthe, Gemeindebevollmächtigte und Landwehroffiziere, betheiligt qua solche 30.
Mediciner 28.
Professoren und Lehrer 26.
Post-, Eisenbahn- und Telegraphen-Bedienstete 14.
Forstleute, Geometer und beim Bauwesen 13.
studiosi philos. 8.
Pharmaceuten 7.
Realitätenbesitzer 3.
Literaten 1.

Läßt man aber die Festgäste außer Berechnung und berücksichtiget nur die Studiengenossen, deren Gesammtzahl sich auf 568 entziffert, so sind davon:

Geistliche (Theologen) 344.
Juristen und Cameralisten 64.
Kauf- und Gewerbsleute 34.
Amtsgehilfen 31.
Mediciner 26.

Professoren und Lehrer 20.
Post=, Telegraphen= und Eisenbahnbedienstete 14.
Forstleute, Geometer und beim Bauwesen 11.
studiosi philos. 8.
Militair's 7.
Pharmaceuten 6.
Realitätenbesitzer 2.
Literaten 1.

Von den Theilnehmern wurden nach Maaßgabe der entsprechenden Comitébeschlüsse erhoben und daher vereinnahmt 2850 fl.

Davon wurden verausgabt:

für Zeitungs=Inserate	56 fl.
für Einladungsschreiben (Briefe)	60 fl.
für Festzeichen	62 fl.
für Instandsetzung, Dekorirung ꝛc. des Festlokales	840 fl.
für Musik	147 fl.
für Bedienung ꝛc.	50 fl.
auf Drucksachen, einschließlich des gegenwärtigen Festberichtes	215 fl.
an Gastwirth Ruf für das Mittagessen	1375 fl.
zusammen circa	2805 fl.

wornach also die Einnahmen 2850 fl., die Ausgaben circa 2805 fl. betragen und sich ein beiläufiger Aktiv=Rest von 45 fl. ergibt, welcher nach definitiver Abrechnung gemäß Comitébeschluß an die Lokalarmenkasse Dillingen überwiesen werden wird.

II.

Verzeichniß

derjenigen Herren, welche sich zur Betheiligung am Studiengenossenfeste angemeldet hatten, aber verhindert waren, sich wirklich zu betheiligen.

Bauberger Philipp, Pfarrer in Thannhausen.
Bauberger Wilhelm, Dr., prakt. Arzt in Thannhausen.
Biber Franz, Caplan in Pleß.
Bingger Jos., Pfarrer in Schwabbruck.
Bullinger Ant., Studienlehrer in München.
Eggert Mich., k. Notar in Geisenfeld.
Engelmayr J. Georg, Pfarrer in Horgau.
Feistle J., Staatsanwaltsvertreter in Günzburg.
Glöggler Jos., Pfarrer in Münster.
Gnandt N., Expeditor in Ichenhausen.
Gribl Ant., Pfarrer in Attenhausen.
Hanrieber Georg, Pfarrer in Bühel.
Helmer Frz., Cammerer in Oberdorf.
Huber, Pfarrer in Dießen.
Imminger J., Pfarrer in Jesenbach.
Keßler Leopold, Curat in Konzenberg.
Lachenmair Jos., Pfarrer un Dekan in Osterbuch.
Maußhard Jakob, Pfarrer in Eberrieb.
Mertel Leonhard, Benefiziat in Neuburg.
Mühlbauer Richard, Benefiziat in Gundremmingen.
Pfefferle Jos., k. Notar in Günzburg.
Räder Jos., Pfarrer in Häder.
Riebheim Egl., Frhr. v., in München.
Riebheim Carl, Frhr. v., in München.
Romeis J., Dr. med., in Gmünd.
Sauer Carl, k. Rittmeister in Landshut.

Schenk, k. Appell.-Ger.-Rath in Amberg.
Schenz Wilhelm, cand. theol. in München, Verfasser des schönen, in 850 Exemplaren an Festtheilnehmer und Besucher vertheilten, der Feier des Festes gewidmeten Gedichtes.
Schneider Jos., Pfarrer in Kaisheim.
Schweitzer Jos. Ant., Pfarrer in Graben.
Seger, Administrator in Pettendorf.
Seiz Franz Xav., Pfarrer in Stabel.
Senning J. Ant., Pfarrer in Lutzingen.
Streng Jos., Beneficiat in Wengen.
Stützle Joh., Pfarrer in Balzhausen.
Wenninger, k. Oberlieutenant in Landshut.
Wester, P. Prior in Männerstadt.
Wilhelm Martin, Caplan in Boos.
Wilbenberger J., Pfarrer in Walting.
Zacher Al., Pfarrer in Pobelsberg.

Zur Notiz sollen hier noch folgende artistische Erscheinungen erwähnt werden:

1. Das von Hrn. Zeichnungslehrer J. B. Schöner in Dillingen auf Grund des oben S. 25 angeführten Gedichtes sinnig componirte, Scenen aus dem Studentenleben und Ansichten von Dillingen darstellende, schöne Gedenkblatt, welches in photogr. Abbr. (12" hoch und 9" br.) zu à 42 kr. bei Hrn. Schöner zu haben ist.

2. Ansichten der Stadt Dillingen, insbesondere des obern Theiles der Hauptstraße (der Studiengebäude) gelungene Photographien in Quart à 45 kr., in Oktav à 18 kr., im Verlage der Blättermann'schen und Kollmann'schen Buchhandlung dahier und

3. Zwei Prospekte — die Stadt Dillingen und die Studiengebäude — gezeichnet und lithographirt von Hrn. Zeichnungslehrer Brener in Günzburg a/D. in dessen Selbstverlage und hier bei Buchbinder Sauer, ersterer zu à 1 fl. 12 kr., und letzterer zu 48 kr zu haben.